AF400053

Walter Eigenmann

100 brillante Schachzüge

Geniale Kombinationen
Verblüffende Strategien

Erste Auflage 2016
Verlag Tredition
978-3-7345-0207-1 (Paperback)
978-3-7345-0208-8 (Hardcover)

Vorwort

In den Jahren 2008 bis 2012 veröffentlichte der Autor dieser kleinen Sammlung in dem Online-KulturJournal «Glarean Magazin» in regelmässigem Abstand insgesamt 100 Schachaufgaben, die sich jeweils «Der brillante Schachzug» nannten, und die aufgrund ihres ästhetischen Gehalts und ihres extremen Schwierigkeitsgrades bei weiten Kreisen der Schachwelt bis hinein in die einschlägigen Internet-Foren bekannt wurden.

Die Lösung eines solchen «Brillanten» - sie wurde stets erst nachträglich bekanntgegeben - stellte jedesmal nicht nur Schach-Experten, sondern fast immer auch die (damals) führenden Schachprogramme vor eine grosse Herausforderung. Und manche dieser «Probiersteine des Gehirns» - wie Goethe in seinem «Götz von Berlichingen» das Schachspiel überhaupt nannte - bereiten sogar heute noch auch der modernsten (und dem Menschen in der praktischen Turnierpartie inzwischen weit überlegenen) Spitzenschach-Software fast unlösbare Probleme...

Woher stammen diese 100 Schachstellungen? Um wirklich echte, also sowohl schachtechnisch bzw. -strategisch komplexe und gleichzeitig in ihren Lösungszügen verblüffende, ja teils absurd-bizarre Schach-«Brillanten» zu finden, wälzte der Autor während all den Jahren zahllose Partien- bzw. Problemschach-Sammlungen in Büchern und digitalen Datenbanken. Denn sein Ziel war es nicht einfach, «schöne und schwierige» Schachstellungen zu finden (wie das die meisten Aufgabensammlungen tun), sondern es sollten Stellungsbilder sein, die einerseits den künstlerischen Erfindungsgeist der grossen Schachmeister aus Vergangenheit und Gegenwart dokumentierten, die aber zugleich auch das Schach-«Verständnis» der hochspezialisierten Engine-Software bzw. deren «planvolles Denken» an ihre Grenzen führen sollten. In «menschlicher Hinsicht» hiessen also die notwendigen Stichworte Intuition, Kreativität, Imagination oder auch Unkonventionelles Entscheidungsverhalten, die sich in den Lösungszügen der Schachspieler manifestieren sollten, und auf Seiten der «Maschinen» entschieden grundsätzliche programmiertechnische Schwierigkeiten wie z.B. Zugzwang, Horizonteffekt, Bewertungsalgorithmen darüber, ob eine Aufgabenstellung das Prädikat «schwierig» erhielt.

Dementsprechend war bei der Analyse einer jeden dieser 100 Stellungen beträchtliche Recherche angesagt. Denn da der Autor nicht ein berühmter Grossmeister, sondern nur ein passionierter, allenfalls im Vereins- und Computerschach erfahrener Amateur-Schachspieler ist, hatte er in zwangsläufig die auf dem Markt verfügbaren professionellen Schach-Engines bzw. -Interfaces zu Hilfe zu nehmen, um eine insbesondere taktisch hieb- und stichfeste Kommentierung zu garantieren.

Dabei musste er überraschenderweise oft selber in einem gewissen Umfang kreativ werden: Erfolgreiches Handling von einschlägiger Schachsoftware, und sei diese in der praktischen Partie noch so stark, bedarf nämlich nicht nur fortgeschrittener Hardware, sondern auch ganz spezifischer Anwendertechniken hinsichtlich Analysieren, Memorieren und Systematisieren, um ein Höchstmass an Korrektheit und Plausibilität der Varianten zu gewährleisten. Die Myriaden von Zügen, die heutzutage zu berechnen ein Programm innert weniger Sekunden in der Lage ist, bedeutet für den menschlichen Operateur Segen und Fluch zugleich...

Hinsichtlich der verschiedenen Genres und Facetten des Königlichen Spiels deckt diese Sammlung von «Brillanten» praktisch das gesamte Schachspektrum ab (vom sog. «Märchenschach» einmal abgesehen): Es finden sich Beispiele aus der modernen internationalen Turnierszene ebenso wie aus dem historisch überlieferten Problemschach, neben vielen Mittelspiel-Stellungen ist die Spätphase der Eröffnung ebenso vertreten wie das Endspiel mit mind. 7 Steinen, es finden sich «brillante» Züge von FIDE-Weltmeistern wie von Fernschach-Koryphäen, und vom rein intuitiv motivierten Zug bis hin zum logisch determinierten «Matt in 22» ist in dieser Sammlung alles zu finden.

Mit Ausnahme der 1. und der 91. Stellung, deren Lösungszüge nicht on-the-board gespielt wurden, sondern Partie-Varianten sind, beinhaltet dabei der Band ausschliesslich Zeugnisse des *menschlichen* Erfindungsgeistes - entweder in Nah- oder Korrespondenz-Schachturnieren real gespielt oder dann als ästhetische Problem-Kreation von Komponisten eigens geschaffen. Das älteste Beispiel stammt von Horwitz aus dem Jahre 1876, das jüngste wurde 2010 vom rumänischen Autor Neghina online im «Glarean Magazin» als Urdruck publiziert.

In allen Stellungskommentaren werden die Abkürzungen bzw. Bewertungssymbole der international gebräuchlichen «Informator»-Notation verwendet; darunter sind die wichtigsten:

!! = brillanter Zug
! = guter Zug
!? = interessanter Zug
?! = fragwürdiger Zug
? = schlechter Zug
?? = sehr schlechter Zug (Patzer)
+- = Weiss steht auf Gewinn
-+ = Schwarz steht auf Gewinn
+= = Weiss steht besser
=+ = Schwarz steht besser
= = Stellung ist ausgeglichen (auch: gleichstark ist...)
∞ = Stellung ist unklar
∞= = mit Kompensation für das geopferte Material
≤ = schlechter ist...
∩ = besser ist...
Δ = mit der Idee...
→ = mit Angriff
↑ = mit Initiative
⇄ = mit Gegenspiel
CorrGame = Fernschach-Partie
Var = Variante

Die zweite Titel-Zeile jeder Position umreisst jeweils als Stichwort das schachliche Motiv der Aufgabe bzw. bei Endspielen die Material-Konstellation. Vier der 100 «Brillanten» enthalten Doppellösungen, wurden aber aufgrund ihrer ästhetischen Bedeutung bewusst trotzdem in die Sammlung aufgenommen. Alle anderen Stellungen haben nachweislich genau *einen* klar besten Lösungszug.

«100 brillante Schachzüge» versteht sich nicht nur als ebenso verblüffende wie unterhaltsame Sammlung von schwierigen Schach-Stellungen. Für alle Schach-Interessierten, ob Anfänger oder Profi, ist dieser Band auch eine eindrückliche kulturgeschichtliche Dokumentation dafür, zu welchen phantastischen Höhenflügen der menschliche Geist in diesem komplexesten aller Spiele fähig ist.

Walter Eigenmann

☐ **Der brillante Schachzug 001**
■ **Turmopfer**
Akesson-Shulman, RiltonCup 1999

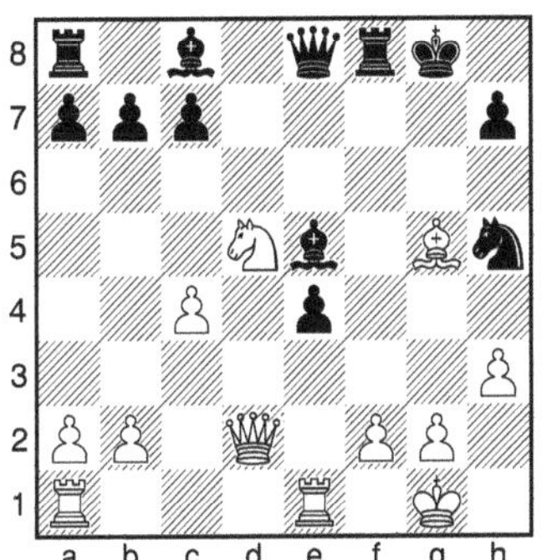

17.Txe4!! (Var) **Lh2+ 18.Kxh2 Dxe4 19.Te1 Dxc4 20.b3 Dc5**
[20...Db5 21.Lh6 Tf5
22.Sb6+-]
[20...Da6 21.Sxc7+-]
21.Le7+-

☐ **Der brillante Schachzug 002**
■ **L&S&S vs T&S&B**
Popov 1996

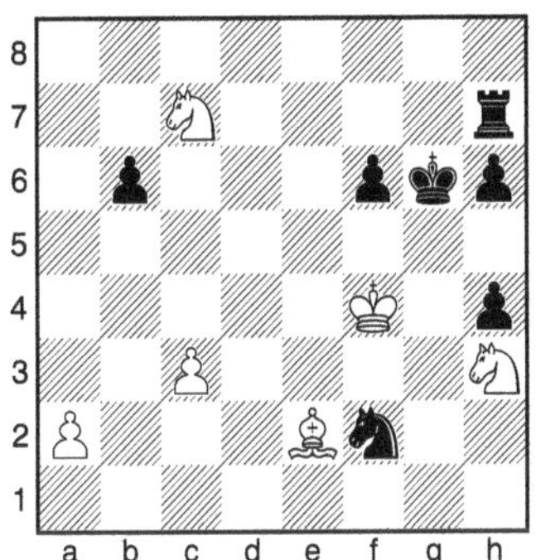

1.Lh5+!! Kxh5
[1...Kg7 2.Sxf2+-]
2.Kf5 Sxh3
[2...Sd3 3.Sd5 Tf7 4.Shf4+
Sxf4 5.Sxf4#]
3.Sd5 Tf7 4.c4 Tf8 5.a3+-

☐ **Der brillante Schachzug 003**
■ **Pos. Springeropfer**
Kholmov-Bronstein, Kiew 1964

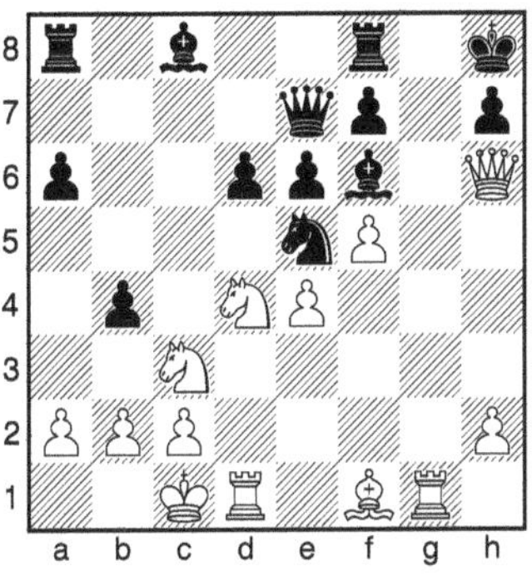

18.Sc6!! Sxc6 19.e5 Lxe5 (Var)
[19...Lg5+ 20.Txg5 f6 21.exd6
Df7 22.Tg3 bxc3 23.Lc4+-]
[19...Sxe5 20.Se4 Sg6 21.Sxf6
Dxf6 22.fxg6 Dg7 23.Dxg7+
Kxg7 24.gxh7+ Kh8 25.Txd6+-]
20.f6 Lxf6 21.Ld3 Lg5+
22.Txg5 f6
[22...f5 23.Tdg1+-]
23.Tg3 Tf7
[23...Ld7 24.Tdg1+-]
[23...f5 24.Tdg1+-]
24.Tdg1+-

☐ Der brillante Schachzug 004
■ Pos. Turmopfer
Gaprindashvili-Grigoriev, CorrGame 1999

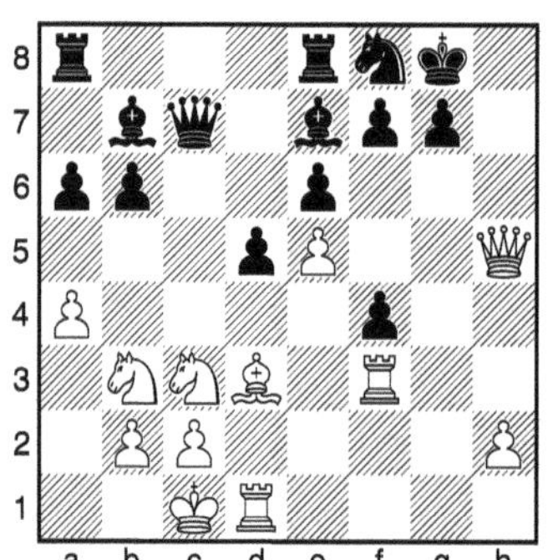

22.Tg1!!
[22.Th3?! f5 23.Te1 (*23.exf6*
Lxf6-+; 23.Dh8+ Kf7=) 23...f3
24.Dh8+ Kf7 25.Tg3 g6∞]
[22.Txf4? f5-+]
22...f5 23.Txg7+ Kxg7 24.Th3
Ld8 (Var)
[24...Ted8 25.Sd4 Lc8
(*25...Dxe5 26.Dh8++-*) 26.Sc6
d4 (*26...Dxc6 27.Le2+-*)
27.Le2 Sg6 28.Dh7+ Kf8
29.Dxg6+-]
[24...Sg6 25.Lxf5 exf5
26.Dh7+→]
25.Se2 Kg8 26.Dh8+ Kf7
27.Sxf4 Lg5 28.Th7+ Sxh7
29.Dxh7+ Kf8 30.Dxc7 Te7
31.Dd6 Lxf4+ 32.Kd1→

☐ Der brillante Schachzug 005
■ T&S vs T&L
Klein 1936

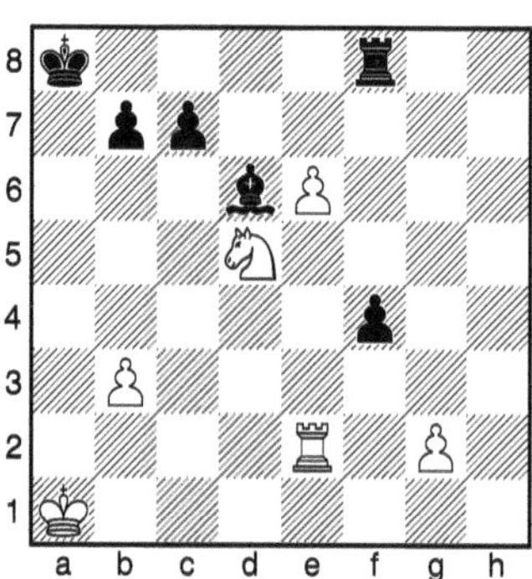

1.e7!! Te8
[1...Lxe7 2.Txe7 f3 3.Sxc7+
Ka7 4.gxf3 Txf3 5.Kb2+-]
2.Te6 Ka7
[2...Kb8 3.Txd6+-]
3.Txd6 cxd6 4.Kb2 b5
[4...Kb8 5.Kc2 Kc8 (*5...b6*
6.Kc3+-) 6.Kc3 Kb8 (*6...Kd7*
7.Sf6+ Kxe7 8.Sxe8 Kxe8
9.Kd4+-) 7.Kd4 Kc8 (*7...b6*
8.Ke4+-) 8.Ke4+-]
[4...Tg8 5.Kc3+-]
[4...b6 5.Kc3+-]
5.Kc3 Kb7 6.Kd3 Kc6
[6...Kc8 7.Ke4+-]
7.Kd4 b4
[7...Kb7 8.b4+-]
8.Kc4 Tc8
[8...Kd7 9.Sf6++-]
9.Sf6+-

☐ Der brillante Schachzug 006
■ Zweite_Siebte Reihe
Blahacek-Carlsson, CorrGame 1973

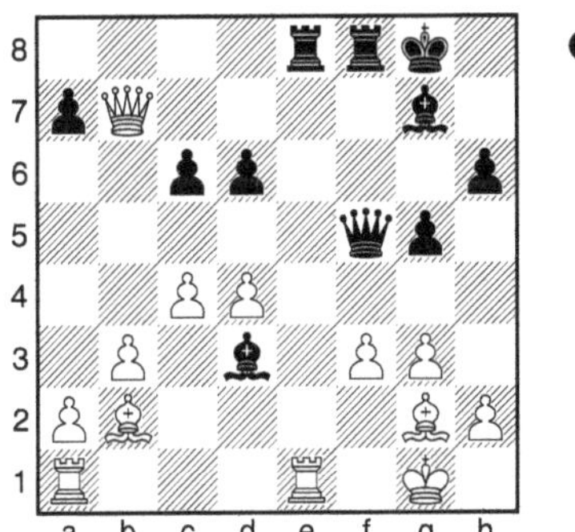

21...Da5!!
[21...Txe1+?! 22.Txe1 Da5
23.De7⇄]
22.Tec1 (Var)
[22.Ted1 Le2 23.Tdb1 Dd2-+]
[22.Txe8 Txe8 23.b4 Da4
A) 24.f4 Dc2 25.Dxc6 Tf8
26.Kh1 *(26.Dd5+ Kh8-+)*
26...Dxb2-+;
B) 24.Tc1 Dxa2 25.Lc3 Da3
26.Te1 Txe1+ 27.Lxe1
Lxd4+-+;
C) 24.Dd7 Lg6 25.Dxd6
(25.Tf1 Te2 26.f4 Dxa2-+)
25...Dc2 26.Dxc6 Te2-+;
D) 24.Lf1 Dc2 25.Lxd3 Dxd3
26.Tf1 Te2-+;
E) 24.b5 Dc2 25.bxc6 Te2
26.Lh3 *(26.Lf1 Txh2 27.Dc8+
Lf8 28.De6+ Kg7 29.De1
Dxb2-+)* 26...Txh2 27.Tf1 Lf5
28.Db8+ Lf8 29.Db3 Lxh3
30.Dxc2 Txc2-+]
[22.b4 Txe1+ 23.Txe1
Dxa2→]

22...Te2 23.Lc3 Df5 24.Dxc6 Le4 25.Dxe4 Txe4 26.fxe4 Df2+ 27.Kh1 Lxd4→

☐ Der brillante Schachzug 007
■ L&B vs T
Hörning 2000

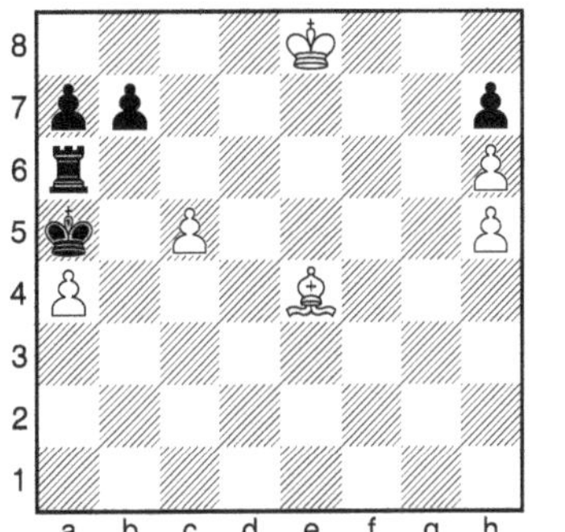

1.Lg6!!
[1.c6? Txc6 2.Lxc6 bxc6=]
[1.Lxb7? Tf6 2.Ld5 Txh6=]
[1.Lxh7? Txh6 2.Lg6 Kxa4=]
1...Tc6
[1...Tf6 2.Ke7 Tc6 3.Kf7+-]
[1...Kb4 2.Kf7 Tc6 3.Kg7+-]
2.Kf7 Kxa4
[2...Txc5 3.Kg8 Tc7 *(3...hxg6
4.hxg6+-)* 4.Lxh7+-]
[2...Tc7+ 3.Kg8+-]
[2...Kb4 3.Kg7 Tc7+ 4.Kg8+-]
[2...b6 3.cxb6 Kxb6 *(3...axb6
4.Kg7+-)* 4.Kg7 Tc7+ 5.Kg8+-]
[2...b5 3.cxb6+-]
3.Kg7 Tc7+ 4.Kg8 Kb5
[4...Kb4 5.Lxh7 Tc8+ 6.Kg7
Tc7+ 7.Kg6+-]
[4...hxg6 5.hxg6+-]
5.Lxh7 Tc8+

[5...Td7 6.Lg6+-]
6.Kg7 Tc7+
[6...a5 7.Lg8+-]
7.Kg6 Tc8
[7...Kxc5 8.Lg8+-]
[7...Txc5 8.Lg8+-]
8.Kf6 a5
[8...Tc6+ 9.Kg5 Tc8 (9...Txc5+
10.Lf5+-) 10.Lg6 Kxc5 (10...a5
11.h7+-; 10...Tf8 11.h7+-)
11.Kf6 a5 12.h7 b5 13.Kg7+-]
9.Lf5+-

☐ **Der brillante Schachzug 008**
■ **Königsangriff**
Copie-Patrici, CorrGame 1986

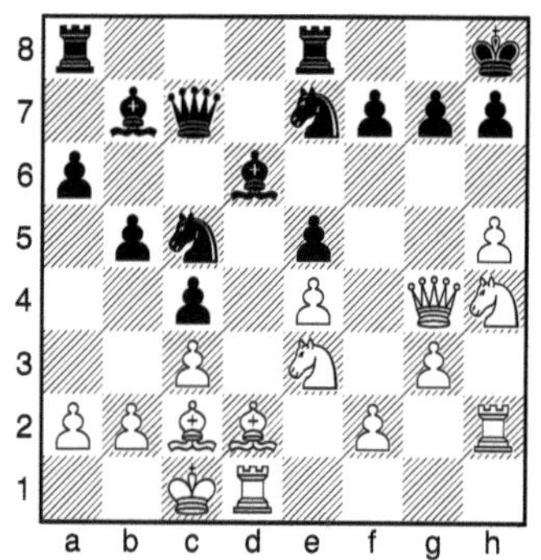

22.Sg6+!! fxg6
[22...Kg8 23.Sxe7+ Lxe7
24.Sf5 Lf6 (24...Lf8
25.Sxg7+-) 25.Sxg7 Lxg7
26.h6+-]
[22...Sxg6 23.hxg6 fxg6
24.Tdh1+-]
23.hxg6 h6 24.Sd5 Dc8
[24...Lc8 25.Dh5 Sg8
(25...Sxd5 26.Lxh6+-)
26.Lxh6+-]

[24...Sxd5 25.Lxh6 gxh6
26.Txh6+ Kg8 27.Dh4+-]
[24...Lxd5 25.Lxh6 Kg8
(25...Le6 26.Lxg7++-)
26.Lxg7+-]
25.Txh6+ gxh6 26.Dh5+-

☐ **Der brillante Schachzug 009**
■ **Pos. Qualitätsopfer**
Glek-Lingnau, Dortmund 1992

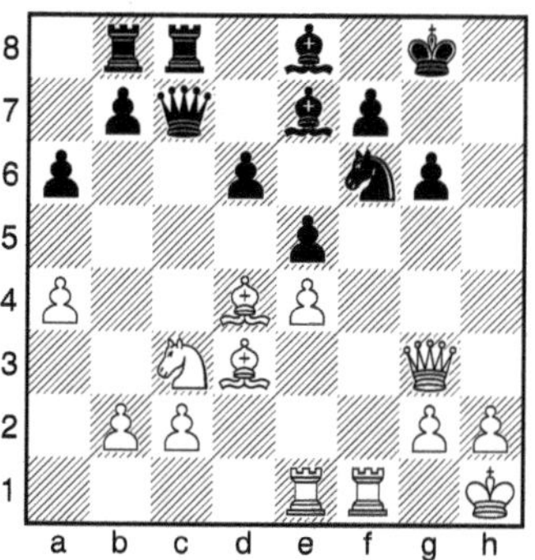

20.Txf6!!
[20.Lf2?! Sh5 21.Df3 Sf4
22.Le3 Sxd3 23.cxd3 Dd8∞]
20...Lxf6
[20...exd4 21.Sd5→]
21.Sd5 exd4 (Var)
[21...Dd8 22.Lb6 Lh4 23.Dh3
Dg5 24.g3 Dd2 (24...Lxg3
25.hxg3+-) 25.Df1 Ld8
(25...Lc6 26.gxh4 Lxd5
27.exd5 Txc2 28.Lxc2 Dxc2
29.Df3+-) 26.Le3 Da5
27.Ta1+-]
**22.Sxc7 Le5 23.Dg5 Txc7
24.a5→**

☐ **Der brillante Schachzug 010**
■ **Springeropfer**
RuggeriL-Bartsch, CorrGame 2002

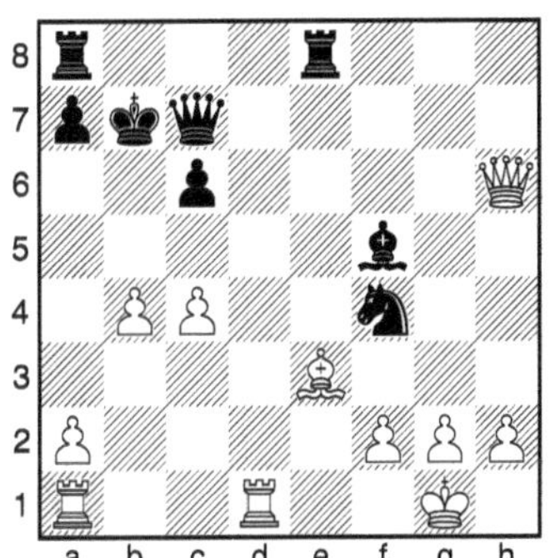

33...Sxg2!! 34.Kxg2
[34.Lg5 Tg8-+]
34...Te6 35.Dh5
[35.Dh4 Tg8+ 36.Kf1 Df7-+]
35...Tg6+ 36.Kf1
[36.Lg5 Df4-+]
36...Df7-+

☐ **Der brillante Schachzug 011**
■ **L&S vs S**
Pospisil 2000

(Diagramm)

1.c6!!
[1.Sc4+? Kd3 2.Se5+ Ke4
3.Sf7 *(3.c6 c1D-+)* 3...c1D-+]
[1.Kb7? c1D 2.c6 Dxb2+-+]
1...c1D
[1...Ke2 2.c7=]
2.c7 Dc6
[2...Dxb2 3.Le5 Db4 *(3...Dxe5
4.Kb7=)* 4.Kd8 Df8+ 5.Kd7

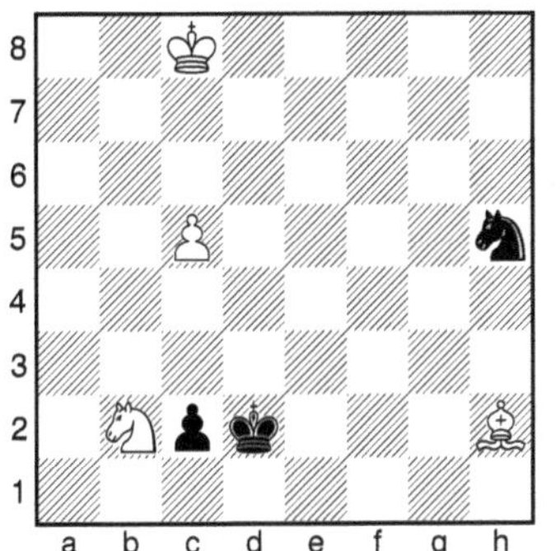

Df5+ 6.Kd8=]
3.Le5 Ke2
[3...Da8+ 4.Kd7 Dd5+ 5.Kc8=]
4.Kb8 Db5+ 5.Ka7 Dc6
[5...Dc5+ 6.Kb8=]
6.Kb8 Db6+
[6...Sf6 7.Lxf6 Dxf6 8.c8D=]
7.Kc8 De6+
[7...Db5 8.Sc4 Dxc4 9.Kb8=]
8.Kb8 Db3+
[8...Dxe5 9.Sc4 Db5+ 10.Sb6
Dxb6+ 11.Ka8=]
[8...Db6+ 9.Kc8=]
9.Ka7 Da3+
[9...Dg8 10.Sc4=]
10.Sa4 Dxa4+
[10...Df8 11.Kb7=]
11.Kb7=

☐ **Der brillante Schachzug 012**
■ **T&T&S vs T&T&L**
Rüfenacht-Bendana, CorrGame 1992

(Diagramm)

32.b5!!
[32.Txf8?! Sxf8∞]

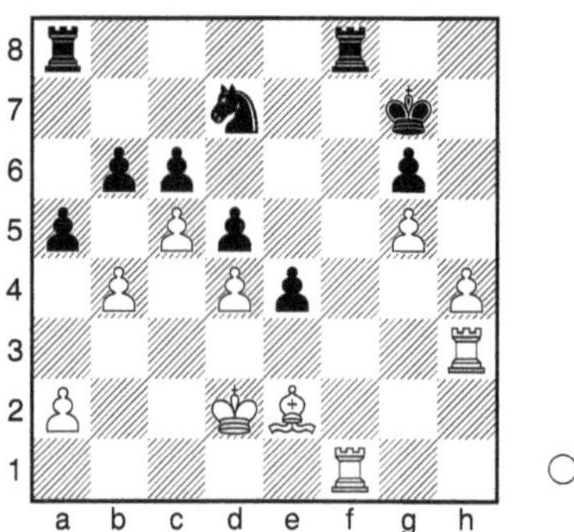

32...cxb5
[32...Txf1 33.Lxf1 bxc5
(*33...cxb5 34.c6+-; 33...Tc8*
34.Tb3+-) 34.bxc6 Sb8 35.c7
Sc6 36.Tc3 c4 37.Lh3+-]
33.c6 Txf1 34.Lxf1 Sf8
[34...Sb8 35.Tc3+-]
35.c7 Tc8 36.Tc3 Se6 37.Lh3+-

☐ **Der brillante Schachzug 013**
■ **L vs S**
Sidakov 1997

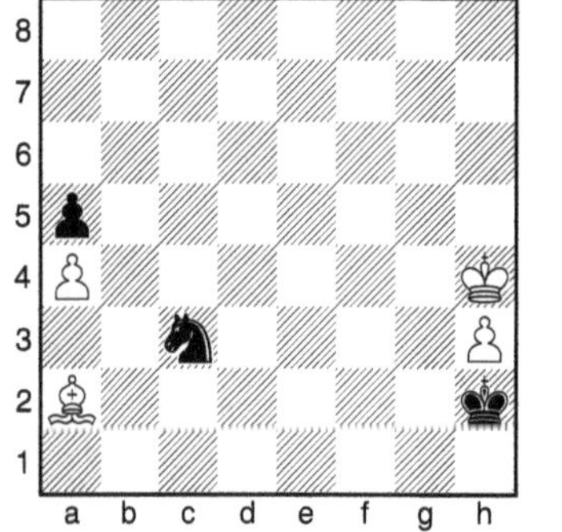

1.Kg4!! Sxa2
[1...Sxa4 2.h4 Sc5 (*2...Sb6*

3.h5+-) 3.h5 Sd7 4.h6
A) 4...Kg2 5.Kf5 Sf8 (*5...Kf3*
6.h7+-) 6.Kf6+-;
B) 4...Sf8 5.Ld5+-]
[1...Kg2 2.h4+-]
[1...Se4 2.h4+-]
2.h4 Sc3 3.h5 Se4 4.h6 Sf6+
5.Kf5 Sh7 6.Kg6 Sf8+ 7.Kg7
Se6+ 8.Kf6 Sf8 9.Ke7 Sh7
[9...Sg6+ 10.Kf7 Se5+
11.Kg7+-]
10.Kd6 Sg5
[10...Kg3 11.Kc6 Kf4
12.Kb5+-]
11.Kc6 Sf7 12.h7 Kg3 13.Kb6+-

☐ **Der brillante Schachzug 014**
■ **Pos. Läuferopfer**
Nagaradjane-Strautins, CorrGame 2003

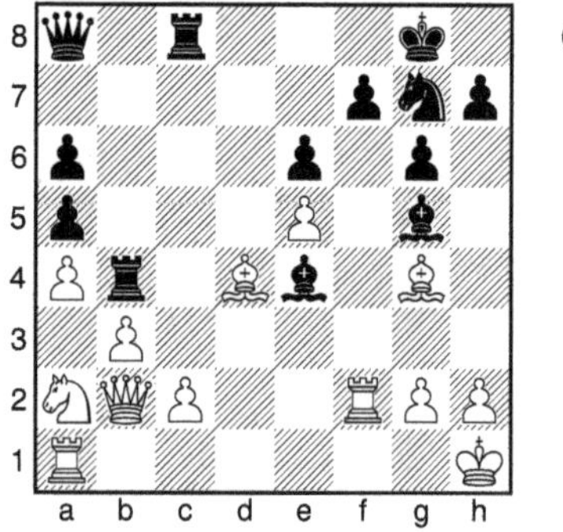

26...Le3!! 27.Lxe3
[27.Sxb4 Lxf2 28.Lxf2 axb4-+]
27...Lxg2+ 28.Txg2 Txg4 29.c3
[29.c4 Sf5 30.Kg1 (*30.Lb6*
Sh4-+) 30...Sxe3-+]
[29.Tag1 Sf5-+]
29...Sf5 30.Ld4
[30.h3 Tg3 31.Lf4 Txh3+

32.Kg1 Sh4→]
**30...Sh4 31.Tag1 Sxg2 32.Txg2
De4 33.h3**
[33.De2 Db1+ 34.Lg1 Txg2
35.Kxg2 Dxb3-+]
**33...Txg2 34.Dxg2 Db1+ 35.Kh2
Dxb3 36.Sc1 Dxa4-+**

☐ **Der brillante Schachzug 015**
■ **Zugzwang**
Randviir 1989

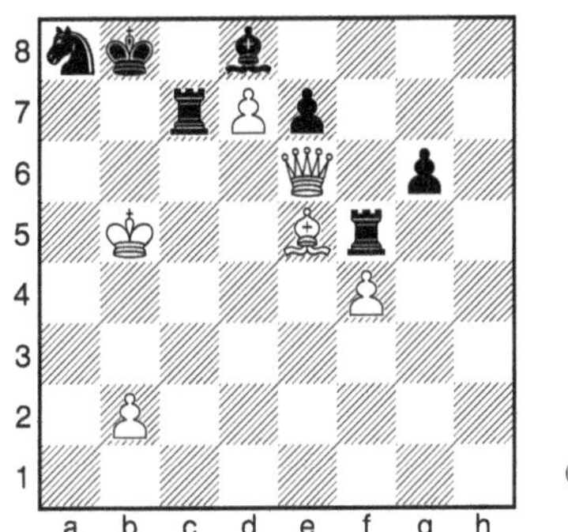

1.Ka6!! Tf6
[1...Txe5 2.Dxe5+-]
2.f5 gxf5
[2...g5 3.Lg3 g4 4.Le5+-]
[2...Txe6+ 3.fxe6+-]
**3.Dxf6 exf6 4.Lf4 Le7 5.b3 Ld8
6.b4 Le7 7.b5 Ld8 8.b6 Sxb6**
[8...Le7 9.bxc7+ Sxc7+ 10.Kb6
Ld8 11.Kc6+-]
9.Kxb6+-

☐ **Der brillante Schachzug 016**
■ **Starke Felder**
Weyerstrass-Ekebjaerg, CorrGame 1991

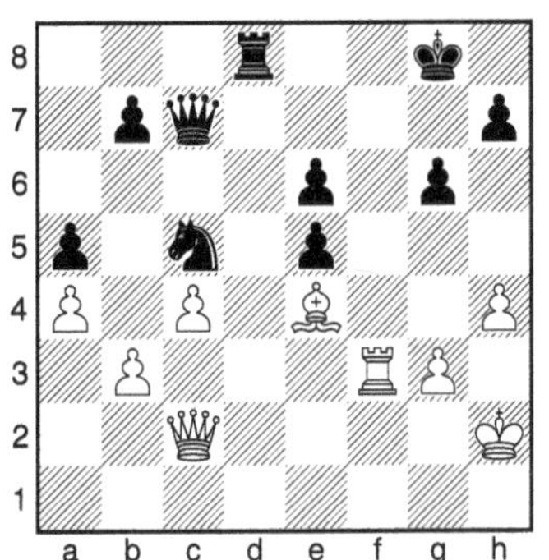

31...Td4!! 32.Lxg6
[32.Te3 Dd7 33.Lg2 Td2-+]
32...e4 33.Lf7+
[33.Tf6 Dd7-+]
33...Kg7 34.Tf4 Sd3 35.Dd1
[35.Tf1 e3 36.De2 Se5-+]
**35...Sxf4 36.Dxd4+ Kxf7
37.Dxe4**
[37.gxf4 Dxf4+-+]
[37.Dh8 Kg6-+]
37...Sg6-+

☐ **Der brillante Schachzug 017**
■ **D&L&S vs D&S**
Bondarenko&Gorgiev 1959

(Diagramm)

1.Se4+!!
[1.Df5? h1D 2.Se4+ Dxe4
3.Dxf2+ (*3.Dxe4 Df8 4.Dxe5+
Kg2-+*) 3...Kxg4 4.dxe4 Db5+
5.Kd1 Dd3+=]

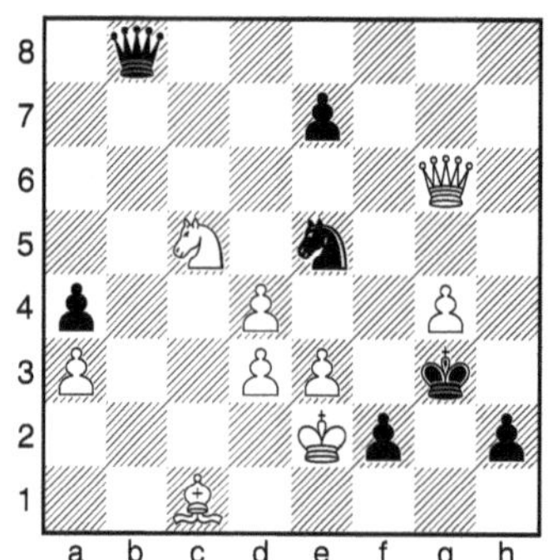

1...Kg2
[1...Kh3 2.Dh5+ Kg2 3.Sxf2
Dh8 4.Dxh8 Kg1 5.Dh3 h1D
6.Dxh1#]
2.Df5 Sxd3
[2...h1D 3.Dxf2+ Kh3 4.Dg3#]
[2...h1S 3.dxe5 Db1 4.Df3+
Kh2 5.Ld2+-]
**3.Df3+ Kg1 4.Dh1+ Kxh1 5.Kf1
Dc7**
[5...e6 6.Lb2+-]
6.Lb2 Db8 7.g5 Dc7 8.g6+-

☐ **Der brillante Schachzug 018**
■ **Königsangriff**
Prandstetter-Blatny, CSSR1986

(Diagramm)

27...f4!! 28.gxf4
[28.Dxf4 Tf8 29.Dc7 De8
  A) 30.Sf1 Lh3 31.Db7
  (*31.Da5 Df7-+; 31.Dc5 Tf5-+*)
  31...Kh8 32.Dxd5 Lxf1-+;
  B) 30.g6 hxg6 31.Sf1 Lh3
  32.Lh6 Txf1+ 33.Txf1 Te7-+]
28...Lh3 29.Sf1

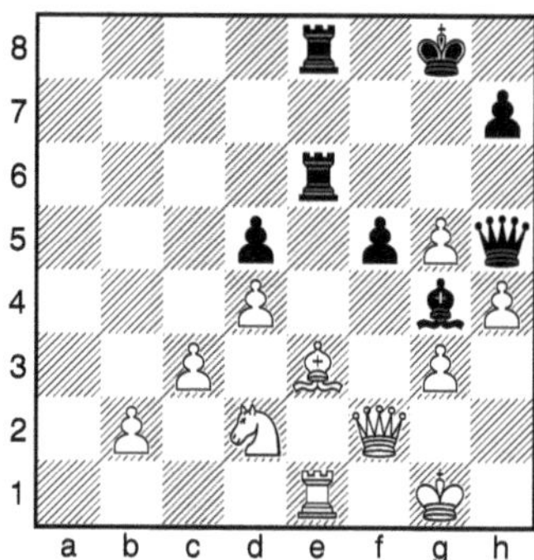

[29.Kh1 Dg4 30.Tg1 Df5-+]
[29.Kh2 Dg4 30.Tg1 Txe3
31.Txg4 Lxg4-+]
29...Lxf1 30.Kxf1 Dg4 31.Ld2
[31.Te2 Dh3+ 32.Dg2 Dxg2+
33.Kxg2 Txe3-+]
[31.h5 Dh3+ 32.Dg2 Dxg2+
33.Kxg2 Txe3-+]
**31...Txe1+ 32.Lxe1 Dh3+
33.Kg1 Te3-+**

☐ **Der brillante Schachzug 019**
■ **Abzug**
Randviir 1990

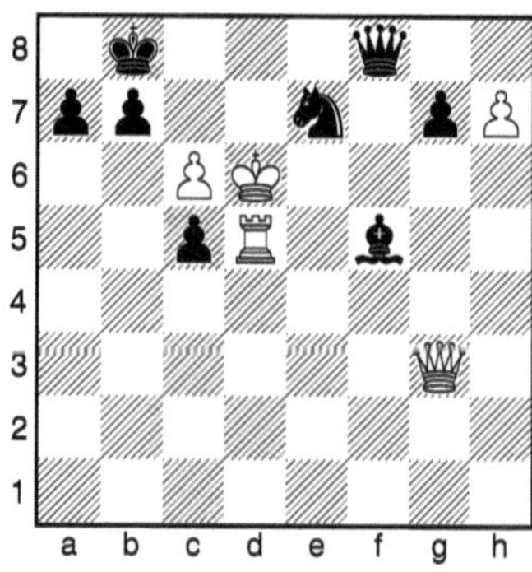

1.Txf5!!
 [1.Kxc5+? Ka8 2.Dd6 b6+
 3.Kc4 Lc8=]
1...Sxf5+
 [1...Dxf5 2.Kxe7+ Ka8 3.h8D+
 Df8+ 4.Dxf8#]
 [1...Dd8+ 2.Ke6++-]
2.Kd7+ Ka8
 [2...Sxg3 3.c7++-]
3.Db8+ Dxb8
 [3...Kxb8 4.c7+ Ka8 5.c8D++-]
4.c7 Df8
 [4...Dh8 5.c8D++-]
5.c8D+ Dxc8+ 6.Kxc8 Se7+
7.Kd7 Sg6 8.Ke8 c4
 [8...b5 9.Kf7+-]
 [8...Kb8 9.Kf7+-]
9.Kf7 Sh8+
 [9...Se5+ 10.Kxg7+-]
10.Kxg7+-

 Der brillante Schachzug 020
■ **Königsangriff**
Grefe-Kaplan, Berkeley 1968

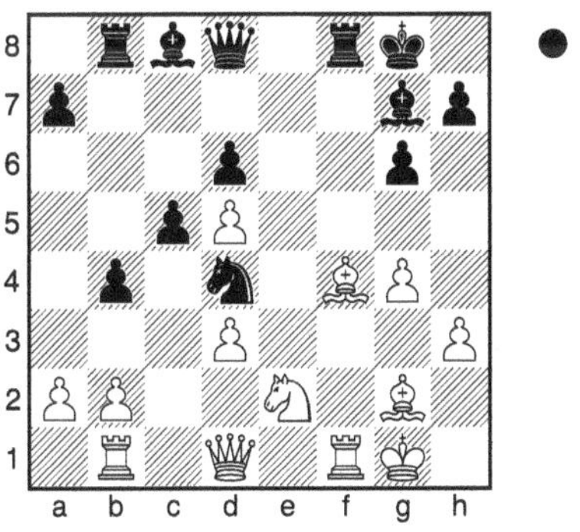

18...Lxg4!! 19.hxg4 Dh4 20.Dd2
(Var)
 [20.Lf3 Dh3 21.Lg2 (*21.Dd2*

Sxf3+ 22.Txf3 Dxf3-+; 21.Sxd4
Lxd4+-+) 21...Sxe2+ 22.Dxe2
Ld4+ 23.Tf2 Lxf2+ 24.Dxf2
Dxg4-+]
 [20.Le3 Le5-+]
20...Sxe2+ 21.Dxe2 Tbe8 22.Le3
 [22.Le4 Txf4 23.Txf4 Dg3+
 24.Kh1 Dxf4-+]
22...Txf1+ 23.Kxf1 Dg3 24.De1
Txe3-+

 Der brillante Schachzug 021
■ **L&S vs L&S&S**
VanBreukelen 1990

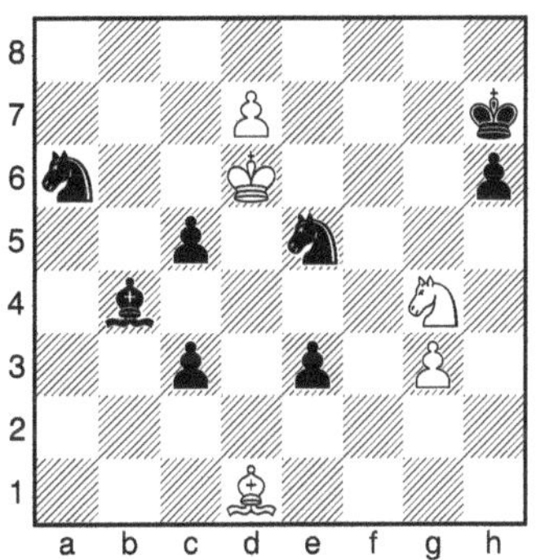

1.Sf6+!!
 [1.d8D? Sf7+ 2.Ke7 Sxd8
 3.Kxd8 La5+→]
 [1.Kxe5? La5=]
1...Kg7
 [1...Kg6 2.Lh5+ Kxf6 3.d8D+
 Kf5 4.Kd5 Sg6 5.Dc8+ Kf6
 6.Dxa6+ Kg7 7.Dxg6+ Kh8
 8.Dxh6+ Kg8 9.Ke6 c2
 10.Lf7#]
2.Sh5+ Kg6 3.Lc2+ Kxh5 4.d8D
Sf7+
 [4...Sc4+ 5.Ke6 Kg4 6.Le4

Kxg3 7.Dg8+ Kf4 8.Df8+ Kg5
(8...Kxe4 9.Df5+ Kd4
10.Dd5#) 9.Df6+ Kg4 10.Df3+
Kh4 11.Kf5 h5 12.Kf4 Sb2
13.Dg3#]
5.Ke6 Sxd8+
[5...Kg4 6.Dh4+ Kf3 7.Le4+
Ke2 8.Dh2+ Kf1 9.Ld3+ e2
10.Dxe2+ Kg1 11.Df1+ Kh2
12.Df2+ Kh3 13.Lf5#]
6.Kf5 e2 7.Le4 e1S
[7...e1D 8.Lf3#]
8.Ld5 c2 9.Lc4 c1S
[9...Sd3 10.Lxd3 c1S 11.Le4
Sf7 12.Lf3#]
10.Lb5 Sc6
[10...Sc7 11.La4+- Sf7
12.Ld1+ Se2 13.Lxe2+ Sf3
14.Lxf3#]
11.Lxc6 Sc7 12.La4 Sc2
13.Lxc2 Se2 14.Ld1 Sd5
15.Lxe2#

☐ **Der brillante Schachzug 022**
■ **Königsangriff**
Schuster-Janosi, CorrGame 2007

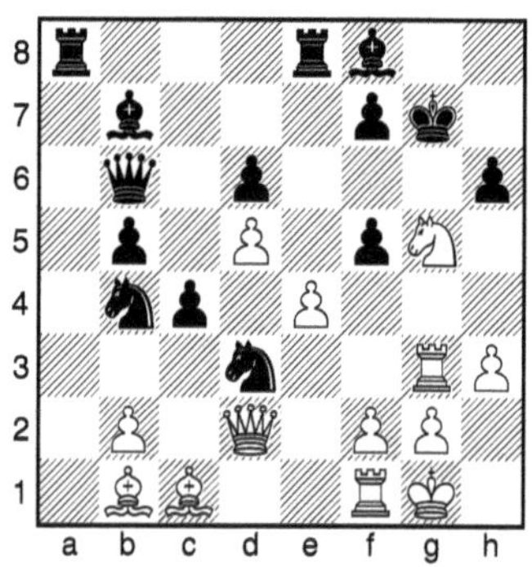

26.Dd1!!

[=26.De2!!]
26...Sxc1
[26...Kg6 27.e5
A) 27...dxe5 28.Se4+ Kh7
29.Dh5 Dg6 30.Sg5++-;
B) 27...f4 28.Se4+ Kf5
(28...fxg3 29.Dg4+ Kh7
30.Sf6+ Kh8 31.Dg8#)
29.Lxf4+-;
C) 27...f6 28.Se6+ Kf7
29.Dh5+ Ke7 30.exf6+ Kd7
31.Le3+-]
[26...Kf6 27.Dh5 Lxd5 28.Sh7+
Ke7 29.exd5+-]
[26...Se5 27.Dh5+-]
[26...Lxd5 27.Dh5+-]
27.Dh5 Se2+ 28.Kh2 Lxd5
[28...Dc7 29.Se6++-]
29.exd5 Da7
[29...Ta7 30.Se6++-]
30.Se6+ Kh8
[30...Kf6 31.Dxf5++-]
31.Sxf8 Sxg3 32.Dxh6+ Kg8
33.fxg3 f6 34.Se6 Txe6
35.dxe6+-

☐ **Der brillante Schachzug 023**
■ **T&T&L vs T&T&S**
Eiben-Mrazik, CorrGame 2001

(Diagramm)

44.Tde3!!
[44.Td5?! Sxd6∞]
44...Sxd6 45.Lf6 Tc8
[45...Tg8 46.Td3+-]
[45...f4 46.gxf4 gxf4 47.Te5+-]
46.Td3 Tcc7
[46...g4 47.fxg4 fxg4 48.Ted2
Kc6 (48...Tc6 49.Le5+-)

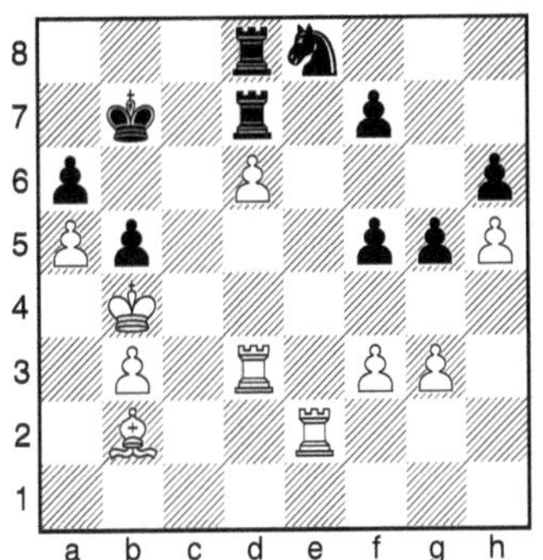

49.Le7 Txe7 50.Txd6+ Kb7
51.Tb6+ Kc7 52.Txh6+-]
[46...Ta8 47.Ted2+-]
[46...Tc6 47.Ted2+-]
47.Ted2 Se8
[47...Se4 48.Txd7 Sxf6
49.Txc7+ Kxc7 50.Td1+-]
[47...Kc6 48.Le5-+]
[47...Tc6 48.Le5+-]
48.Txd7 Sxf6 49.T7d6 (Var) **Tc6**
50.Txc6 Kxc6 51.Td8+-

☐ **Der brillante Schachzug 024**
■ **Zugzwang**
Randviir 1974

(Diagramm)

1.c8S!!
[1.Kg2? Th8 2.Kxh1 Kg8+=]
[1.c8D? Th8 2.Kg2 Kg8=]
1...Th8 2.Se7 Tg8 3.Kg2 Th8
[3...Sg3 4.Kxg3+-]
4.Kxh1 Tg8 5.Kg2 Th8 6.Kf3
Tg8 7.Ke4 Th8 8.Kd4 Tg8
9.Kc5 Th8
[9...Kh8 10.Kb6+-]

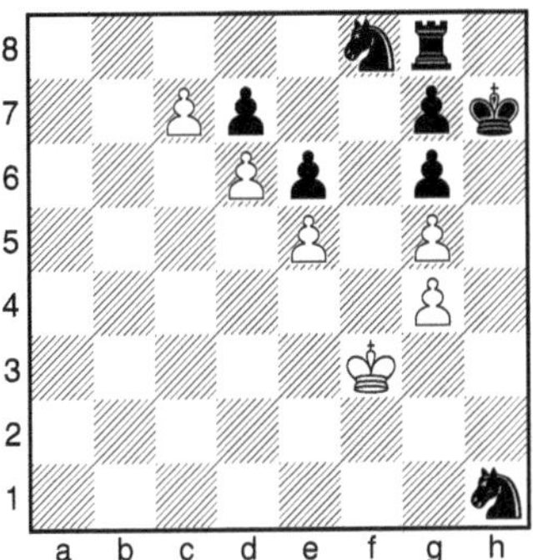

10.Kb6 Tg8 11.Kc7 Kh8 12.Kd8
Kh7
[12...Sh7+ 13.Sxg8 Kxg8
14.Kxd7+-]
13.Sxg8 Kxg8 14.Ke7 Sh7
15.Kxd7 Kf7 16.Kc8+-

☐ **Der brillante Schachzug 025**
■ **Festung**
Saemisch 1922

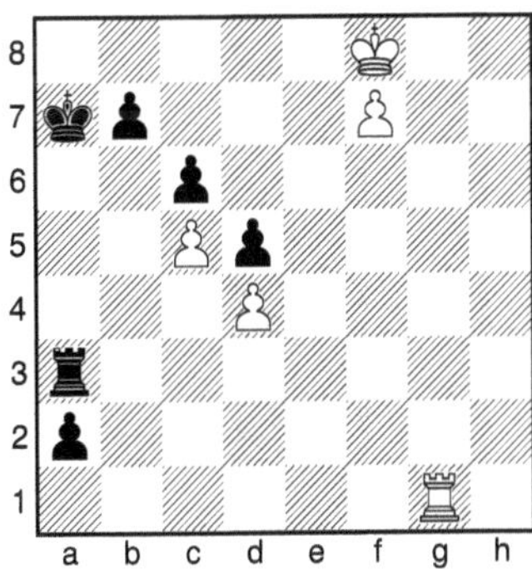

1.Ke7!!
[1.Kg7? a1D 2.Txa1 Txa1
3.f8D Te1 4.Df2 Te4=]
[1.Kg8? a1D=]

[1.Ke8?! Gewinnt auch, ist aber ein Umweg]
1...Te3+ 2.Kf6 Tf3+
[2...Tb3 3.Ta1 Tf3+ 4.Ke7 Te3+ 5.Kd6 Tf3 6.Txa2+ Kb8 7.Ke7+-]
3.Kg7 Ta3
[3...Ka6 4.f8D Txf8 5.Kxf8+-]
[3...Tb3 4.f8D Tb1 5.Df1+-]
4.f8D a1D 5.Txa1 Txa1 6.Df2+-

☐ **Der brillante Schachzug 026**
■ **Pos. Bauernopfer**
Piket-Lautier, Amsterdam 1995

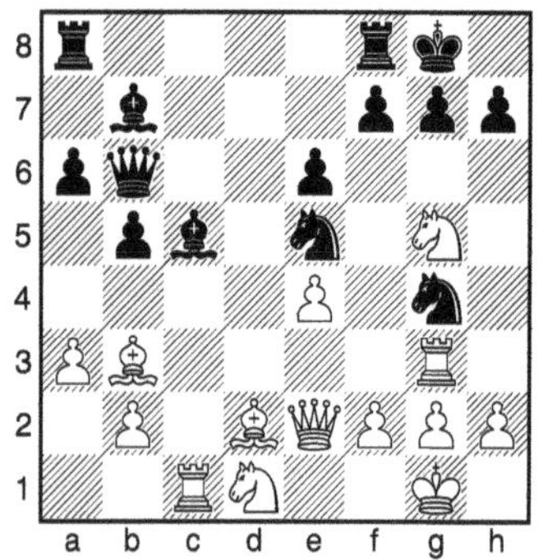

18...Tad8!!
[≤18...Sf6?! 19.Sf3 Sxf3+
(*19...Sg6 20.Lc2∞; 19...Sxe4*
20.Sxe5 Sxg3 21.hxg3±)
20.gxf3∞]
[≤18...Tfd8?! 19.Sxf7 Kxf7
20.Txg4 Sxg4 21.Dxg4 Txd2
22.Df4+ Kg8 23.Dxd2→]
19.Txc5
[19.Lf4 Txd1+ 20.Txd1 Lxf2+
21.Kh1 Lxg3 22.Lxg3 De3
23.Dxe3 Sxe3 24.Lxe5 Sxd1
25.Lxd1 h6 26.Sf3 Lxe4→]

[19.Se3 Sf6 20.Lc2 (*20.Lc3*
Ld4-+) 20...h6 21.Sf3 Sxf3+
22.gxf3 Sh5→]
[19.h3 Sf6 20.Lc3 Ld4→]
[19.Sh3 h5→]
19...Dxc5 20.Lb4
[20.h4 h6→]
[20.La5 Sf6→]
20...Dc1 21.Lxf8
[21.Txg4 Sxg4 22.Dxg4
Td3→]
21...Kxf8 (Var) **22.Sxh7+ Kg8→**

☐ **Der brillante Schachzug 027**
■ **Zugzwang**
Manveljan 1998

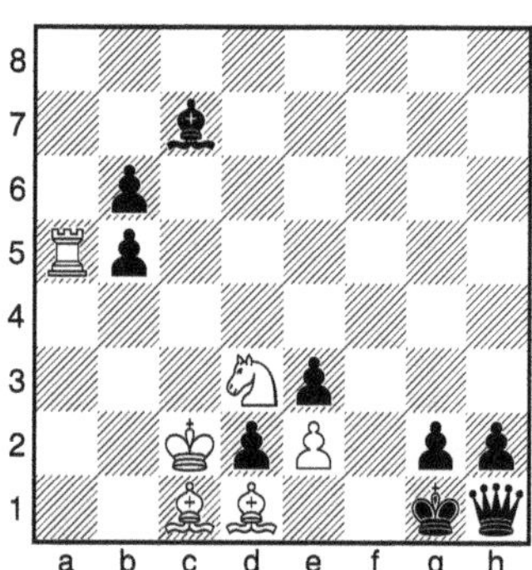

1.Ta8!!
[1.Ta7? Kf1 2.Txc7 g1D-+]
[1.Txb5? Lg3
  A) 2.Lxd2 Kf1 3.Tf5+
  (*3.Lxe3 g1D-+*) 3...Lf2
  4.Lxe3 g1D-+;
  B) 2.Tf5 Lf2 3.Lxd2 Kf1
  4.Lxe3 g1D-+]
1...Ld6
[1...dxc1D+ 2.Kxc1=]
[1...b4 2.Lxd2 Ld6 3.Ta7=]

2.Ta7 Lg3
[2...dxc1D+ 3.Kxc1=]
3.Tf7 Lf2
[3...dxc1D+ 4.Kxc1 Ld6 *(4...b4
5.Tf3=)* 5.Tf3=]
[3...b4 4.Lxd2+-]
4.Txf2 exf2
[4...dxc1D+ 5.Kxc1 exf2
6.Sf4=]
**5.Sf4 Kf1 6.Sd5 Kg1 7.Sf4
dxc1D+ 8.Kxc1=**

☐ **Der brillante Schachzug 028**
■ **Freibauer**
PolgarZ-Azmaiparashwili, Dortmund 1990

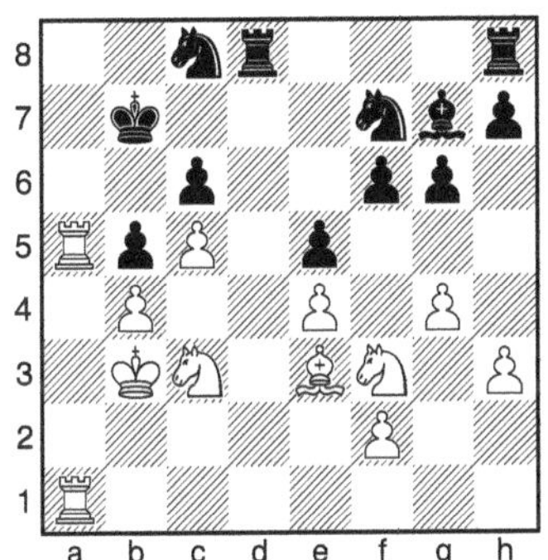

1.Sxb5!! cxb5 2.Txb5+ Kc7
[2...Kc6 3.Tba5→]
3.Tba5 (Var) **Lh6**
[3...Td7 4.b5 h5 *(4...f5
5.c6+-; 4...Lf8 5.Kc2→)* 5.c6
Td3+ 6.Kc4 Txe3 7.fxe3→]
[3...Thf8 4.Ta6→]
[3...Td3+ 4.Kc4→]
[3...Kb8 4.Ta8+ Kb7 5.b5+-]
4.Ta7+ Sxa7 5.Txa7+ Kb8
[5...Kc8 6.Txf7→]
6.Txf7 Lxe3 7.fxe3→

☐ **Der brillante Schachzug 029**
■ **L vs L**
DeLimburg 1900

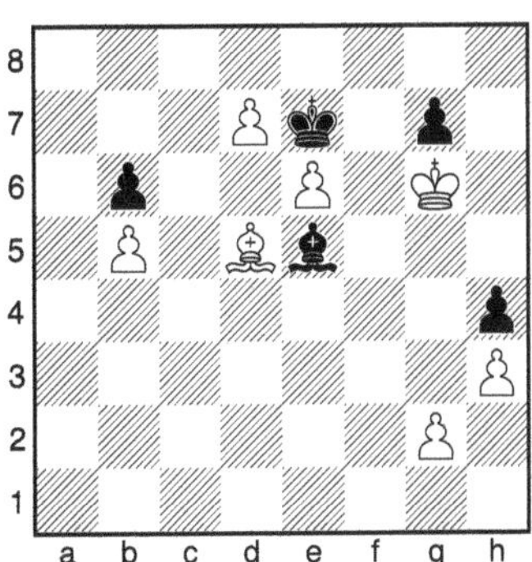

1.g4!!
[1.g3? Lxg3 2.Kxg7 Ld6
3.d8D+ *(3.La2 Le5+=)* 3...Kxd8
4.Kf7 Le7=]
[1.Kf5? Ld6=]
[1.Lf3? Ld4 2.d8D+ Kxd8
3.Kf7 Lc5=]
[1.Kg5? Lf6+ 2.Kf5 *(2.Kg4
Kd6=)* 2...Ld4=]
[1.Lc4? Ld4 2.Kg5 Lf2=]
1...hxg3
[1...Lc3 2.d8D+ Kxd8 3.Kf7
Lf6 4.Lc6 Lg5 *(4...Le7
5.Kxg7+-)* 5.Kxg7+-]
[1...Lf6 2.g5+-]
2.h4 Lf6
[2...Ld4 3.Lg2 Lf6 4.h5 Kxe6
(4...Ld4 5.Lh3+-) 5.Lh3+ Ke7
6.d8D+ Kxd8 7.h6 gxh6
8.Kxf6+-]
3.h5 Le5
[3...Lb2 4.Lg2+-]
4.Lg2 Lc3
[4...Lc7 5.Kxg7 Kxe6 6.Lh3+
Ke7 7.h6+-]

5.d8D+ Kxd8 6.Kf7 Lb4 7.Lh3 Ld6 8.Kxg7+-

□ **Der brillante Schachzug 030**
■ **Räumung**
Moiseev-Simagin, Moskau 1951

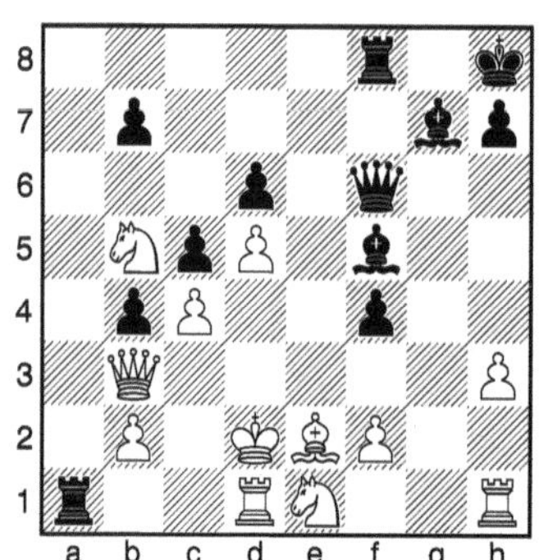

22...f3!! 23.Sxf3 (Var)
[23.Sc2 Lxc2 24.Kxc2 fxe2
25.Txa1 Dg6+-+]
[23.Txa1 Lh6+ 24.Kd1 fxe2+
25.Kxe2 Lg6 26.f3 (*26.Dg3
Dxb2+-+*) 26...De5+ 27.Kf1
(*27.Kf2 Te8-+*) 27...Te8-+]
[23.Ld3 Lh6+-+]
[23.Lxf3 Lb1-+]
23...Lh6+ 24.Ke1 Lc1 25.Ld3
[25.Tg1 Tb1-+]
25...Ld7-+

□ **Der brillante Schachzug 031**
■ **Linienöffnen**
Petrosian-Fischer, BuenosAires 1971

(Diagramm)

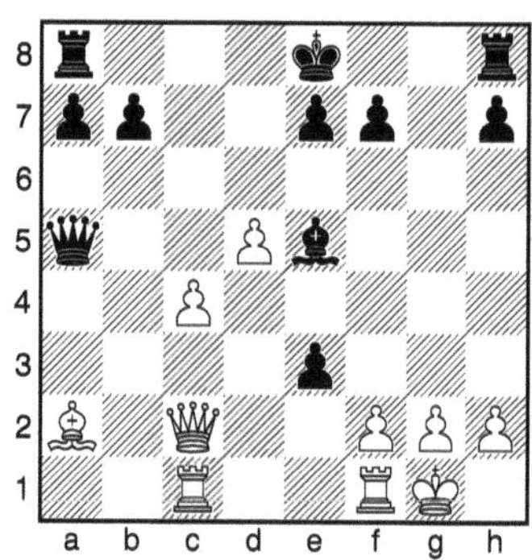

20.c5!!
[20.fxe3?! Dc5∞]
[20.Tb1?! Dc3∞]
20...Dd2
[20...exf2+ 21.Dxf2 f6 (*21...0-0
22.Tc4 f6 23.Th4+-*) 22.d6 Da4
(*22...Db4 23.Kh1+-; 22...Kd8
23.dxe7+ Kc7 24.c6+-;
22...exd6 23.Kh1+-*) 23.Lc4+-]
[20...Ld4 21.d6 exf2+
22.Kh1+-]
21.Da4+ Kf8
[21...Kd8 22.Tcd1 Dc3
23.d6+-]
22.Tcd1 De2
[22...e2 23.Txd2 Lxh2+
24.Kxh2 exf1D 25.d6+-]
23.d6 Dh5
[23...Lxh2+ 24.Kxh2+-]
[23...e6 24.fxe3 Tg8
25.De4+-]
24.dxe7+ (Var) **Kg7 25.fxe3
Lxh2+**
[25...Dxh2+ 26.Kf2 f5
(*26...Lg3+ 27.Kf3+-; 26...Dg3
27.Ke2+-; 26...Dh5 27.De4+-*)
27.Ke2
A) 27...Dh5+ 28.g4 Dxg4+
29.Dxg4+ fxg4 30.Tf7++-;

B) 27...Dxg2+ 28.Tf2 Dg4+
(*28...Dg6 29.Td5+-*)
29.Dxg4+ fxg4 30.Tf7++-;
C) 27...The8 28.Txf5 Dxg2+
29.Tf2+-;
D) 27...b5 28.Db3 Dxg2+
29.Tf2 Dg4+ 30.Kd2+-]
26.Kf2 The8 27.Td7 Tac8
[27...Le5 28.Txb7+-]
28.Txb7+-

□ **Der brillante Schachzug 032**
■ **Königsangriff**
Hansen-Barua, Biel 1993

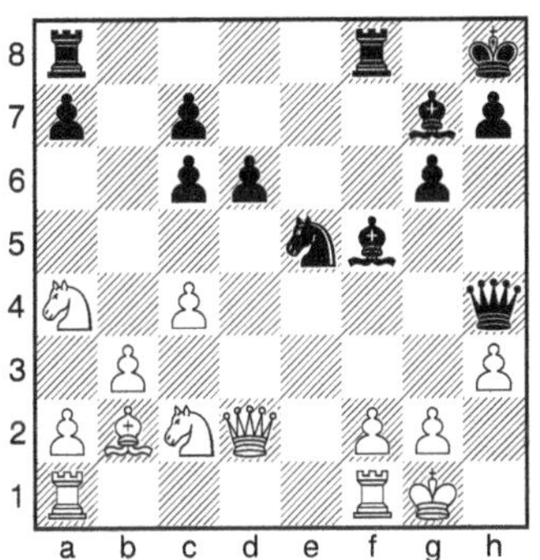

18...Sf3+!!
[18...g5?! 19.f4 gxf4 20.Txf4∞]
[18...Kg8?! 19.f4 Lh6
20.Sb4∞]
19.gxf3 Lxb2 20.Sxb2 Lxc2
21.Dc3+ (Var)
[21.Dxc2 Txf3-+]
[21.f4 Txf4-+]
21...Kg8 22.Dxc2 Txf3-+

□ **Der brillante Schachzug 033**
■ **S&B vs L&S**
Kasparian 1954

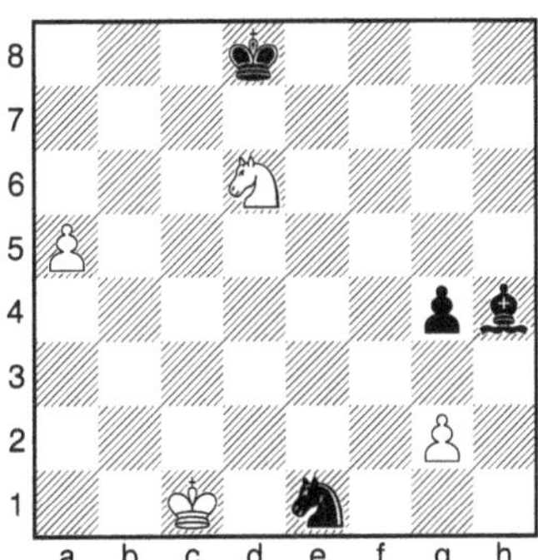

1.Sf7+!!
[1.a6? Lf2 2.g3 (*2.Se4
Ld4-+*) 2...Sd3+ 3.Kd2 (*3.Kd1
Se5-+*) 3...Se5
   A) 4.Se4 Lg1 5.Sd6 (*5.Sc3
Kc7-+*) 5...Kc7 6.Sb5+
(*6.Se4 Kb6-+*) 6...Kb6 7.a7
(*7.Sc3 Kxa6-+*) 7...Kb7-+;
   B) 4.Ke2 Lg1 5.Sb5 Kc8
6.Kf1 Lc5 7.Sc3 Kc7 8.Ke2
Kc6-+]
[1.Kd2? Sxg2-+]
1...Kc7
[1...Kc8 2.Sh6 Lg5+ 3.Kd1
Lxh6 4.Kxe1=]
2.Sh6 g3
[2...Lg5+ 3.Kd1 Lxh6 4.Kxe1=]
[2...Sd3+ 3.Kd2 Se5 4.Ke3
Lg5+ 5.Ke4 Lxh6 6.Kxe5=]
3.Sf5 Sxg2
[3...Lg5+ 4.Kd1=]
4.Kb1 Kb7 5.Ka2 Ka6
[5...Ld8 6.Sxg3=]
6.Kb3 Kxa5

[6...Kb7 7.a6+=]
7.Kc4=

☐ **Der brillante Schachzug 034**
■ **Königsangriff**
Winckelmann-Engel, CorrGame 1996

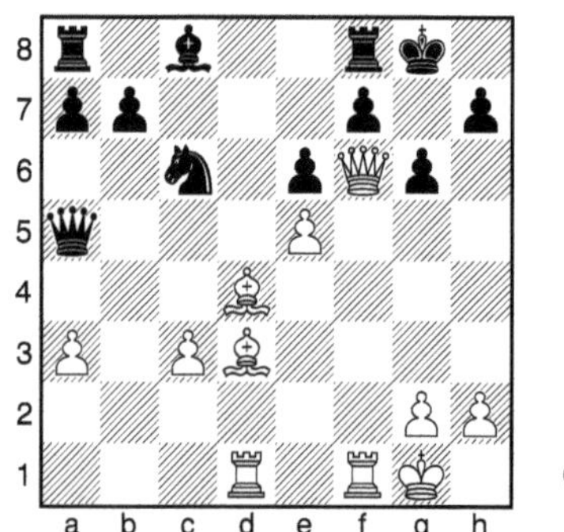

**22.Lxg6!! hxg6 23.Td3 Dd8
24.Df4 Sxd4**
[24...f5 25.exf6+-]
25.cxd4 f5 26.exf6+-

☐ **Der brillante Schachzug 035**
■ **D&L vs T&T&S**
De Villeneuve-Escaplon 1910

(Diagramm)

1.Lc6!! Sxc6
[1...Kh2 2.Lxg2 Txg6 3.Db8+
Tg3 4.De5+-]
2.De3 T7xg6
[2...Sd4 3.Dxh6+ Th2
4.Dxg7+-]
[2...Se5 3.Dxh6++-]
3.Dh3+ Th2 4.Df3+ Tgg2

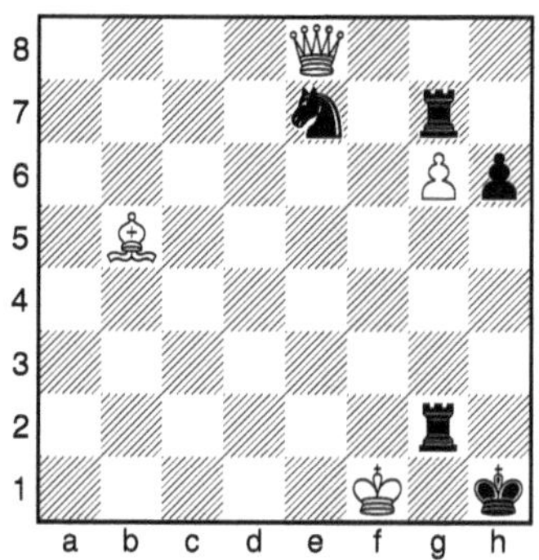

[4...Thg2 5.Dh5+ Th2 6.Dxg6
Tg2 7.Dxg2#]
5.Dxc6 h5 6.Da8 h4 7.Df3 h3
[7...Th3 8.Dxg2#]
8.Ke1 Kg1 9.Df1#

☐ **Der brillante Schachzug 036**
■ **Zugzwang**
Fahrni 1922

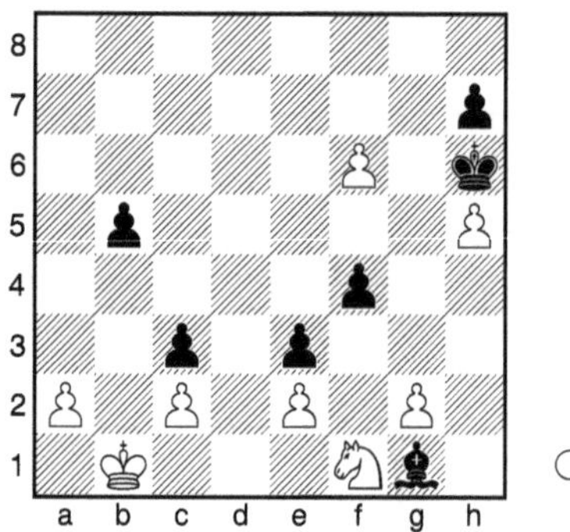

**1.Sg3!! fxg3 2.a3 Lf2 3.Ka2
Le1**
[3...Lg1 4.Ka1+-]
4.Ka1 Ld2
[4...Lf2 5.Kb1+-]

5.Kb1 Le1 6.Kc1 Lf2
[6...Ld2+ 7.Kd1+-]
7.Kd1 Lg1 8.Ke1 Lh2
[8...Kxh5 9.f7+-]
9.Kf1+-

☐ **Der brillante Schachzug 037**
■ **T&L&L vs T&L&S**
Gillam-Macintosh, CorrGame 1999

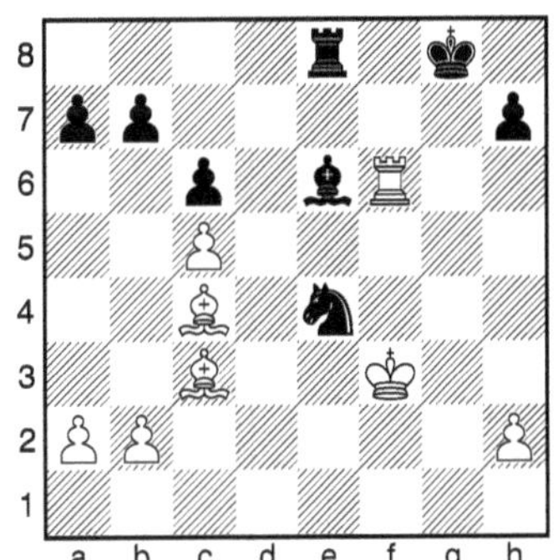

35.Txe6!!
[35.Lxe6+? Txe6 36.Txe6
Sg5+ 37.Kf4 *(37.Ke3 Sxe6=)*
37...Sxe6+ 38.Ke5 Sxc5=]
35...Sg5+ 36.Kg4 Sxe6
[36...Txe6 37.Kxg5+-]
37.Kf5 Kf7 38.Lf6 b5
[38...a5 39.a4+-]
[38...h6 39.b4+-]
39.cxb6 axb6 40.a4 b5
[40...h6 41.La2+-]
41.axb5 cxb5 42.Ld5 b4
[42...h6 43.La2+-]
43.b3 Kf8 44.Lxe6+-

☐ **Der brillante Schachzug 038**
■ **Königsangriff**
Kamsky-Shirov, Dortmund 1992

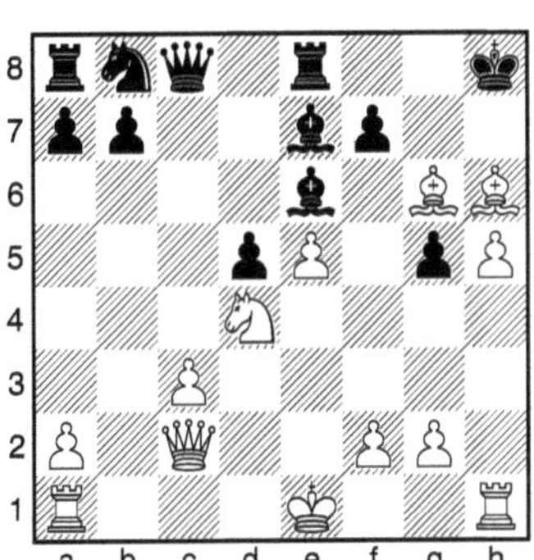

18.Dd2!! fxg6 19.hxg6 Kg8
20.Kf1 (Var) **Dd7**
[20...Sc6 21.Lxg5+-]
21.Lxg5 Lxg5 22.Dxg5 De7
[22...Sc6 23.Sxc6 bxc6
24.Th7+-]
23.Dh5 Dg7 24.Sf5 Lxf5
25.Dxf5 Sd7 26.Th7+-

☐ **Der brillante Schachzug 039**
■ **D&L vs D&L&B**
Dobrescu 1979

(Diagramm)

1.Kf8!!
[1.Lxb2+? e5=]
1...Dc5+
[1...Df5+ 2.Ke8+-]
2.Ke8 Dd4
[2...Dc3 3.Ld2+-]
3.Le3 De5
[3...Dc3 4.Dd7 Df6 5.Lg5+-]

1...Txa6 2.d6 Dxe5
  [2...Dxd6 3.Ld5++-]
3.fxe5 Ta5
  [3...Kf7 4.Te1+-]
4.Ld5++-

□ **Der brillante Schachzug 041**
■ **Königsangriff**
Atalik-Sax, Szeged 1997

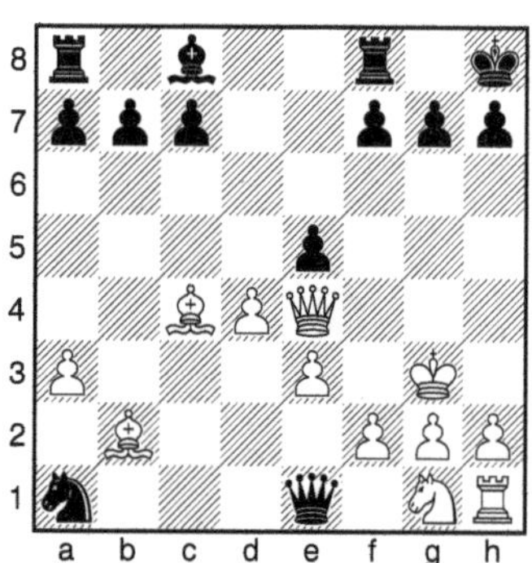

17.dxe5!!
  [=17.Sf3!! Dxh1 18.dxe5+-]
17...Le6 18.Sf3 Dxh1 19.Sg5 g6
20.Sxf7+ Txf7 21.Lxe6 Txf2
(Var)
  [21...Tg7 22.Lf7 Dd1 23.e6
  Dd6+ 24.Kh3+-]
22.Kxf2 Tf8+
  [22...Dd1 23.Df4+-]
23.Kg3 De1+
  [23...Kg7 24.Ld7+-]
24.Kh3 Dd2 25.Lxa1+-

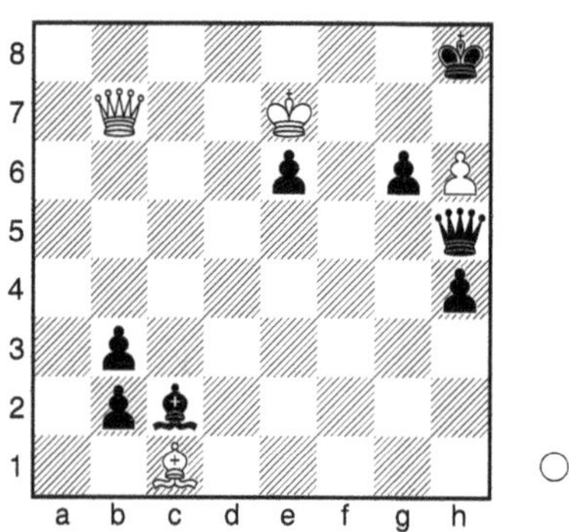

4.Lf4 Dd4
  [4...Df6 5.Lg5 De5 6.Dc8+-]
5.Dc7 Kg8
  [5...Da4+ 6.Kf7+-]
6.Df7+ Kh8 7.Df8+ Kh7 8.De7+
Kg8 9.Dxe6+ Kh7 10.De7+ Kg8
11.h7++-

□ **Der brillante Schachzug 040**
■ **Freibauer**
Panow-Taimanow, Moskau 1952

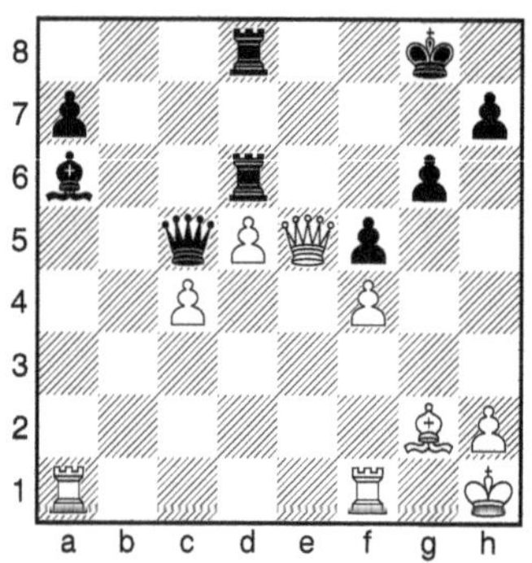

1.Txa6!!
  [1.Ta4?! Lc8∞]
  [1.Tfb1?! Lc8∞]

☐ **Der brillante Schachzug 042**
■ **Matt in 19**
Weenink 1922

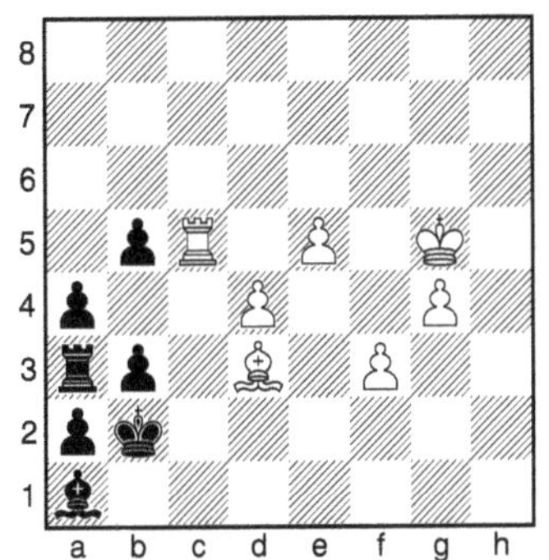

1.Lh7!! b4 2.Kf5 Kb1 3.Kf4+ Kb2
4.Ke4 Kb1 5.Ke3+ Kb2 6.Kd3
Kb1 7.Kd2+ Kb2 8.Lg8 Kb1
9.Tc1+ Kb2 10.Tc6 Kb1 11.Lh7+
Kb2 12.Tg6 Kb1 13.Tg5+ Kb2
14.Tf5 Kb1 15.Tf4+ Kb2 16.Te4
Kb1 17.Te3+ Kb2 18.Td3 Kb1
19.Txb3#

☐ **Der brillante Schachzug 043**
■ **Königsangriff**
Black-Tinture, CorrGame 2004

(Diagramm)

**27...Sf3+!! 28.gxf3 Txf3 29.Df1
Txh3 30.Dg2 Tf8 31.Tf1**
  [31.Le3 Le5-+]
31...Tff3 32.Lg5
  [32.Le3 Le5-+]
32...Dh5 33.Le7 Lh6-+

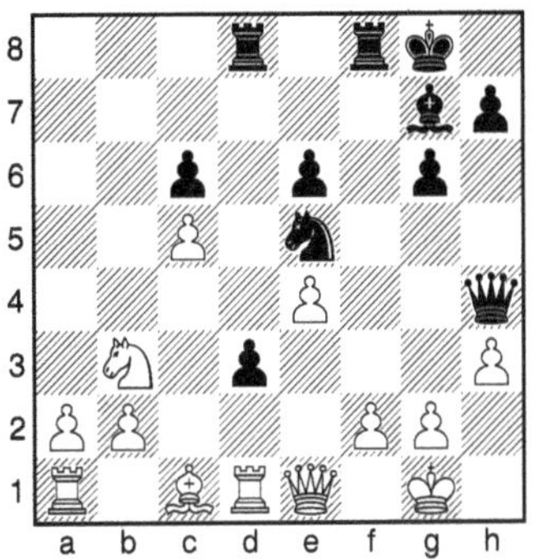

☐ **Der brillante Schachzug 044**
■ **Königsangriff**
Arnlind-Zagorovsky, CorrGame 1984

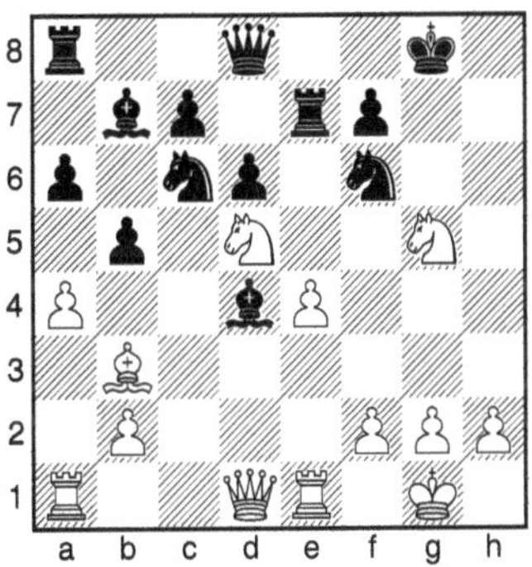

18.Te3!! Sxd5
  [18...Te5 19.Sxf7 Kxf7
  20.Sxf6+ Kf8 21.Df3+-]
  [18...Lxe3 19.Sxf6+ Kg7
  20.Dg4+-]
19.Tg3 Lg7
  [19...Sf6 20.Sxf7++-]
20.Lxd5 Dc8
  [20...Sa5 21.Dh5 Lxd5
  (*21...Kf8 22.Sh7++-*) 22.Dh7+

Kf8 23.exd5+-]
[20...Sb4 21.Lxb7 Tb8
22.Dh5+-]
21.Dh5 Sd8
[21...Se5 22.Dh7+ Kf8 23.Sf3
Sg4 24.Lxb7+-]
22.Sh7+-

□ **Der brillante Schachzug 045**
■ **Läuferopfer h7**
Georgiev-Ionescu, Dubai 1986

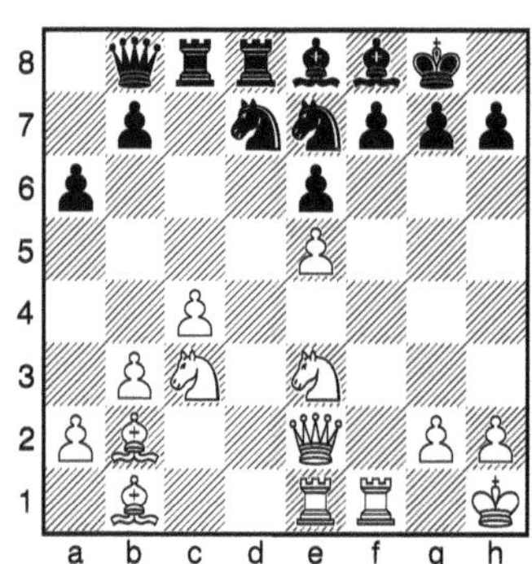

21.Lxh7+!!
[21.Sg4? Sg6=]
21...Kxh7
[21...Kh8 22.Dh5+-]
22.Se4 Kg8
[22...g6 23.Dg4 Lg7 (23...Kg8
24.Dh4+-) 24.Dh4+ Kg8
25.Dxe7+-]
23.Sg5 g6
[23...Sf5 24.Sxf5+-]
[23...f6 24.exf6+-]
24.Sg4 Sf5
[24...Lg7 25.Sf6+ Lxf6
(25...Sxf6 26.exf6+-) 26.exf6
Sf5 27.Df3+-]
[24...b5 25.Df3 Sf5 26.Dh3+-]

[24...Tc5 25.Df3+-]
25.Txf5 exf5
[25...gxf5 26.Sf6++-]
26.Df2+-

□ **Der brillante Schachzug 046**
■ **Pos. Qualitätsopfer**
Giacomelli-Weiss, CorrGame 1957

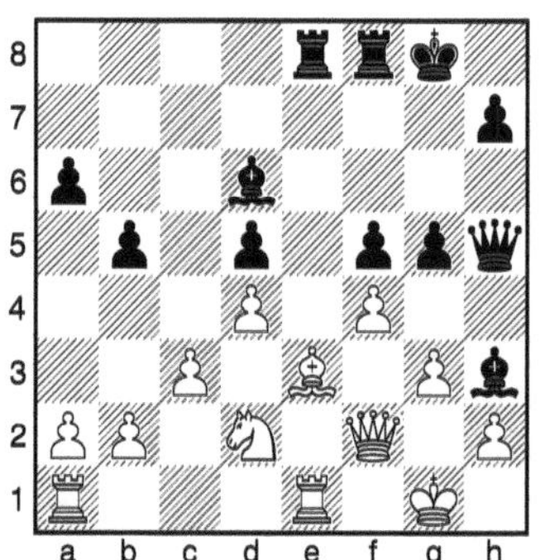

22...Te4!!
[22...h6?! 23.Df3 Dxf3 24.Sxf3
Te4 25.Se5→]
[22...Dg4?! 23.Df3 Dxf3
24.Sxf3→]
[22...Tf6?! 23.Df3 Df7 24.fxg5
Tfe6 25.Sf1 Te4 26.Lf2→]
[22...g4?! 23.Sb3→]
23.Kh1 (Var)
[23.Sxe4 fxe4 24.a4 (24.b4
Kh8⇄) 24...Kh8⇄]
[23.a4 Kh8 24.axb5 (24.Sxe4
fxe4⇄) 24...gxf4 25.Lxf4
Lxf4⇄]
23...Lg4 24.fxg5
[24.Dg2 gxf4⇄]
**24...f4 25.gxf4 Lxf4 26.Lxf4
Texf4 27.Dg3 Lh3⇄**

☐ Der brillante Schachzug 047
■ Pos. Bauernopfer
Kunz-Meinhold, CorrGame 1958

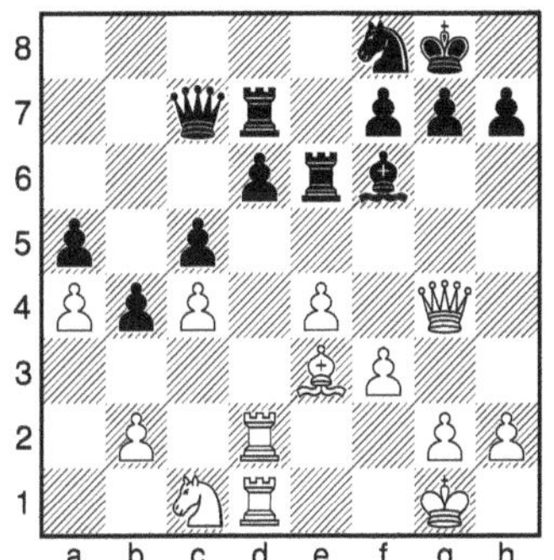

24...b3!!
  [24...Sg6?! 25.b3 Lc3
  (25...Tde7 26.Se2→) 26.Tc2
  Tde7 (26...Se5 27.Df5→;
  26...Lf6 27.Se2↑) 27.Se2↑]
  [24...Tde7?! 25.b3↑]
25.Sxb3 (Var)
  [25.Sd3 Dc6 26.Sf4 (26.Ta1
  Sg6⇄) 26...Dxa4 27.Sxe6
  (27.Sd5 Dxc4⇄) 27...fxe6⇄
  (Var)]
25...Db6 26.Sc1
  [26.Sxc5 Td8→]
26...Lxb2⇄

☐ Der brillante Schachzug 048
■ Springeropfer
Gerber-Georgiev, Luzern 2003

(Diagramm)

19.Sxg5!! hxg5 20.Lxg5 e6
  [20...Txb2 21.Tf3 Txe2

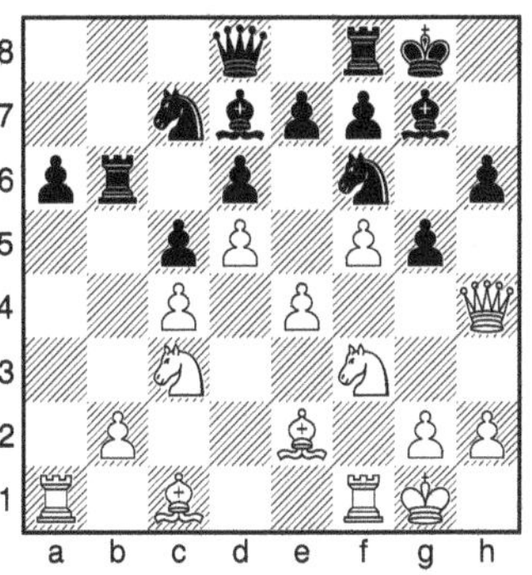

(21...Sce8 22.Lh6+-) 22.Sxe2
Db8 (22...Sce8 23.Th3+-)
23.Th3+-]
  [20...Sce8 21.Tf3+-]
21.Tf3 exf5
  [21...Sce8 22.Th3+-]
22.Tg3 Sce8 23.Tf1 Txb2
  [23...De7 24.Lh6 De5
  25.Lxg7+-]
24.exf5+-

☐ Der brillante Schachzug 049
■ T&L vs T&L
Mouterde 1917

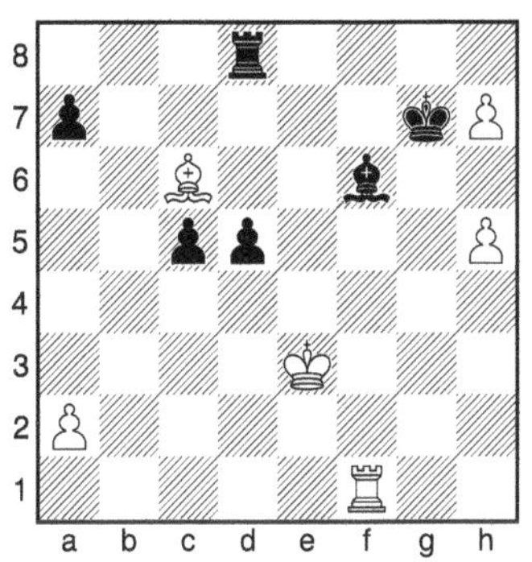

1.h6+!! Kg6
 [1...Kxh6 2.Txf6+ Kxh7 3.Tf7+
 Kg6 4.Txa7+-]
2.Txf6+ Kxf6 3.Lxd5 Th8
 [3...Te8+ 4.Kf4+-]
4.Lg8 Kg5
 [4...Ke5 5.Kd3 Kd6 (5...a6
 6.a3+-; 5...a5 6.Kc4 Kd6
 7.Kb5+-) 6.Ke4
   A) 6...Kc6 7.Kf5 c4 (7...a5
   8.Kg6+-) 8.Lxc4 Txh7 9.Kg6
   Td7 (9...Tb7 10.h7+-) 10.h7
   Td8 (10...Td6+ 11.Kg7 Td7+
   12.Lf7+-) 11.Lg8+-;
   B) 6...a5 7.a4+-;
   C) 6...c4 7.Kd4 c3 8.Kxc3
   Kc5 9.Kd3 Kd6 10.Ke4+-]
 [4...Kf5 5.Kd3 Ke5 6.a3 a6
 7.a4+-]
**5.Ke4 Kxh6 6.Kd5 Kg7 7.Kxc5
Txg8 8.hxg8D+ Kxg8 9.Kb5+-**

■ Springeropfer
Glek-Ulibin, Wien 1998

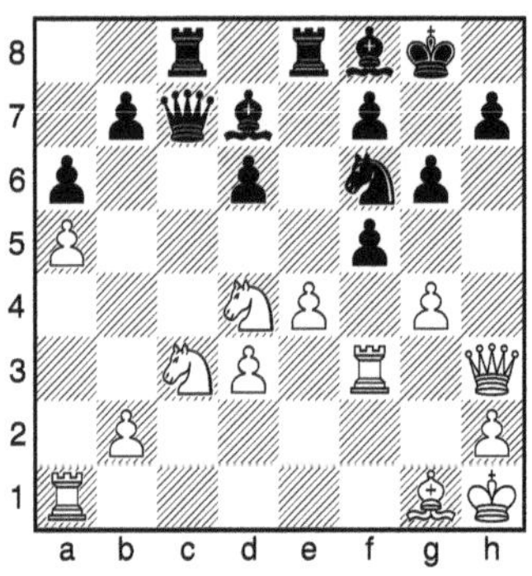

22.Sxf5!! gxf5
 [22...h5 23.Lb6 Db8 (23...hxg4

 24.Sh6+ Kg7 25.Dg3+-)
 24.gxh5 gxf5 25.Txf5 Lxf5
 26.Dxf5+-]
 [22...Lxf5 23.gxf5 g5 (23...Lg7
 24.Ld4+-) 24.Ld4+-]
23.gxf5 Lc6 (Var)
 [23...Te5 24.Lb6+-]
 [23...Kh8 24.Lb6+-]
24.Dh4 Lg7 25.Tg3+-

☐ Der brillante Schachzug 051
■ Zweite_Siebte Reihe
Pezzica-Fritz, CorrGame 2002

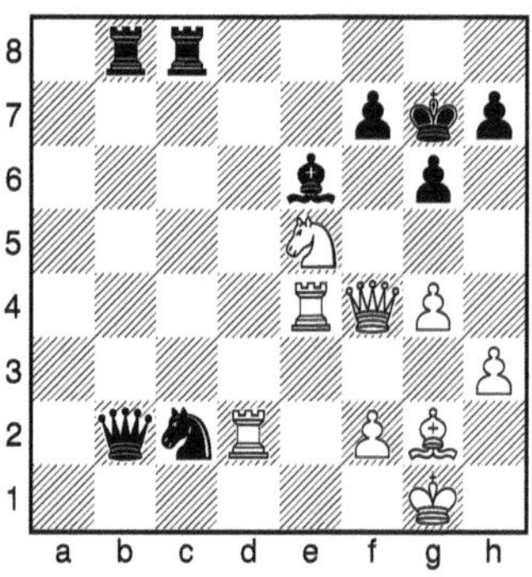

35.Sd7!! (Var) Lxd7
 [35...Tb5 36.Txe6 fxe6 37.Sf6
 Da1+ (37...g5 38.Td7++-)
 38.Kh2 g5 (38...De5 39.Td7+
 Kf8 40.Td8++-) 39.Td7+ Kg6
 40.Le4++-]
36.Txd7 Df6
 [36...Tf8 37.Te2 Db4 38.De5+
 Kg8 39.Ld5 Sd4 40.Te3 Tb5
 41.Txf7+-]
**37.Dxf6+ Kxf6 38.Tf4+ Kg5
39.Tfxf7+-**

☐ Der brillante Schachzug 052
■ D&S vs T&B
Krikheli 1972

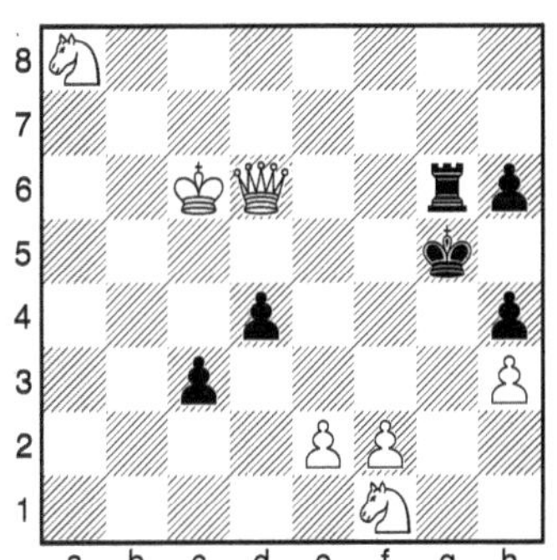

1.f4+!!
 [1.Sc7? Txd6+ 2.Kxd6 c2
 3.Se6+ Kf6
   A) 4.Sh2 h5 5.Sf3 *(5.Sxd4
   c1D-+)* 5...c1D-+;
   B) 4.Sd2 c1D-+]
 [1.Sh2? Txd6+ 2.Kxd6 c2
 3.Sf3+ Kf6 4.Sc7 c1D-+]
1...Kh5
 [1...Kf5 2.e4++-]
2.Se3 dxe3
 [2...Txd6+ 3.Kxd6 dxe3 4.f5=]
3.f5 Txd6+ 4.Kxd6 c2
 [4...Kg5 5.Ke5 h5 6.f6=]
5.Sc7 c1D 6.Se6 Df1 7.Ke5=

☐ Der brillante Schachzug 053
■ S&S vs D
Neghina 2009

(Diagramm)

1.Sd4!! Dg7+

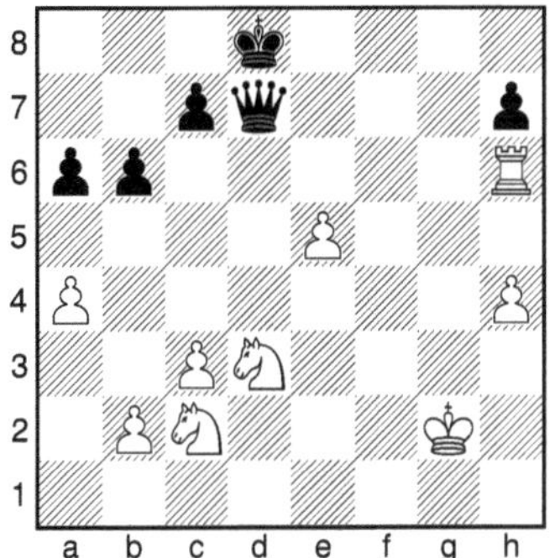

 [1...Dxa4 2.Txh7+-]
2.Kh3 Dxh6 3.Sf4 Kc8
 [3...c5 4.Sde6++-]
4.Sde6 Kb7
 [4...Kd7 5.Kg4 Dxe6+ 6.Sxe6
 Kxe6 7.Kg5+-]
5.h5 c5 6.Kg4 c4 7.Kf3 Kc6
8.Ke4 b5 9.axb5+ axb5
 [9...Kxb5 10.Kd5+-]
10.Kd4 Kb6 11.Kd5+-

☐ Der brillante Schachzug 054
■ Freibauer
Leotard-Rotario, CorrGame 1998

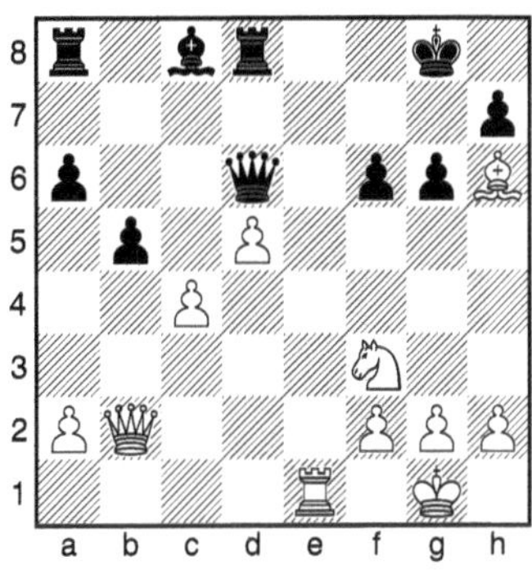

22.Sg5!! Lf5
[22...Ta7 23.Se4 Te7 24.f3+-]
23.g4 Te8 (Var)
[23...Td7 24.gxf5 fxg5
25.Te6+-]
[23...Ld3 24.c5 Df4 *(24...Dxd5*
25.Dxf6+-) 25.h3 Te8 26.Se4
Dxh6 27.Sxf6+ Kf7 28.Txe8
Txe8 29.Sxe8 Kxe8
30.De5++-]
[23...Ta7 24.gxf5 fxg5
25.Te6+-]
24.Txe8+ Txe8 25.gxf5 De5
26.Dxe5 Txe5 27.Sf3 Txf5
28.Sd4 Th5 29.d6→

□ **Der brillante Schachzug 055**
■ **Springeropfer**
Malachatko-Sutovsky, Zürich 2009

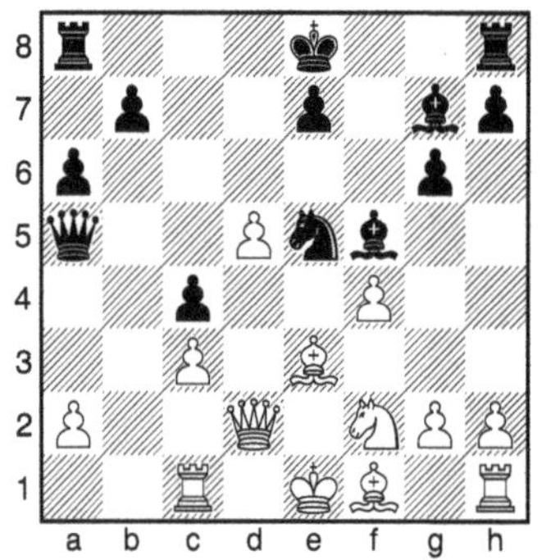

16...0-0-0!! 17.fxe5
[17.Db2 Txd5-+]
[17.Ld4 Txd5→]
17...Txd5 18.De2 (Var)
[18.Ld4 h5 19.g4 *(19.Td1*
Lh6-+; 19.Lxc4 Lh6-+)
19...hxg4-+]
18...Txe5 19.Dxc4+

[19.Sd1 Lh6-+]
19...Kb8 20.De2 Tc8 21.Sd1
Lh6 22.Lxh6 Lg4→

□ **Der brillante Schachzug 056**
■ **S&S vs S&S**
Lommer 1963

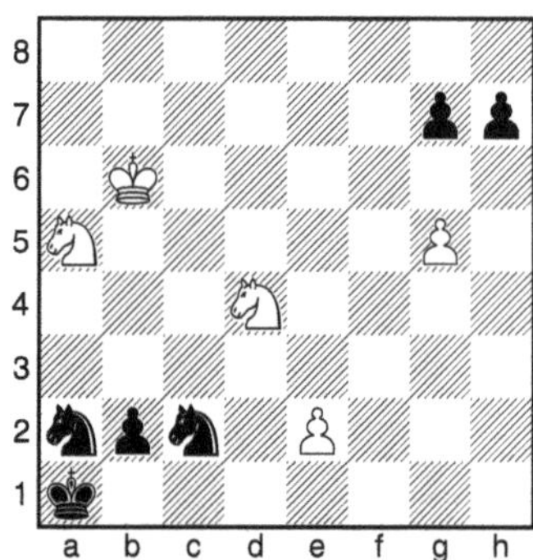

1.Sab3+!!
[1.Sxc2+? Kb1 2.Sa3+ Kc1=]
1...Kb1 2.Sb5 h5
[2...h6 3.gxh6+-]
3.gxh6 gxh6
[3...g5 4.h7 g4 5.h8D g3
6.Dh1+ Sc1 7.Sc3#]
4.e4 h5 5.e5 h4 6.e6 h3 7.e7
h2 8.e8D h1D 9.Dg6+-

□ **Der brillante Schachzug 057**
■ **Königsangriff**
Gaprindashvili-Bliss, CorrGame 1994

(Diagramm)

29.e6!!
[≤29.Lf5?! Sf8 30.Lxc8 Txc8

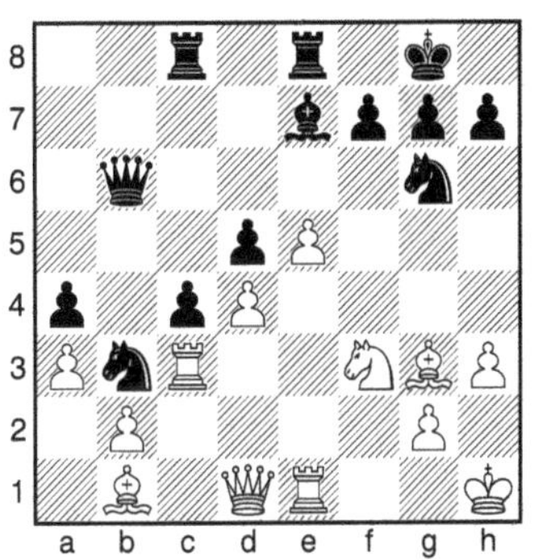

31.Dc2 (*31.Lf2 Se6∞*)
31...Se6∞]
29...Lf6 (Var)
[29...f6 30.Sh4 Sxh4 (*30...Ld6*
31.Sxg6+-; 30...Dxd4 31.Dh5+-)
31.Lxh4
   A) 31...f5 32.Lxf5 Dxd4
   33.Lxe7 Dxd1 (*33...Txe7*
   34.Dh5+-) 34.Txd1+-;
   B) 31...g6 32.Lxg6 hxg6
   33.Tg3 Kh7 (*33...g5*
   34.Dh5+-) 34.Txg6 Kxg6
   35.Dg4+ Kh6 36.Df4+ Kh7
   37.Df5+ Kg7 38.Te3 Dc7
   39.Tg3+ Dxg3 40.Lxg3+-]
[29...Tcd8 30.exf7+ Kxf7
31.Se5+ Sxe5 32.Txe5+-]
[29...Tf8 30.Lf5+-]
[29...fxe6 30.Se5+-]
30.exf7+ Kxf7 31.Se5+ Kg8
32.Sxg6 Txe1+ 33.Lxe1 hxg6
34.Dg4 Te8 35.Lf2 Sxd4
[35...Sd2 36.Lxg6+-]
[35...De6 36.Dxg6 Kf8
37.Dh7+-]
36.Lxg6+-

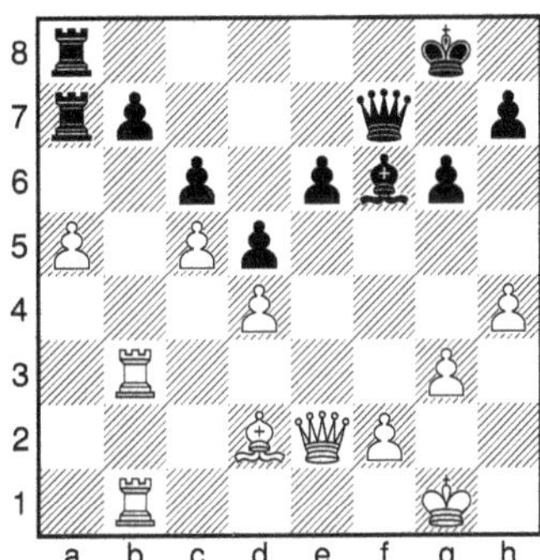

42.a6!!
[≤42.Lc3?! Tf8∞]
[≤42.Tf3?! De7∞]
42...Txa6
[42...Lxd4 43.Txb7+-]
43.Txb7 Ta1 44.Txf7 Txb1+
45.Kg2 Kxf7 46.Df3 Taa1 (Var)
[46...Ke7 47.Df4+-]
47.Df4 Tg1+
[47...Tb7 48.g4+-]
48.Kf3+-

(Diagramm)

24.Lxh7+!! Kxh7 25.Sg5+ Kh6
(Var)
   [25...Lxg5 26.hxg5
      A) 26...f5 27.gxf6 Sb5
      (*27...Sd7 28.Th1++-*) 28.Txc8

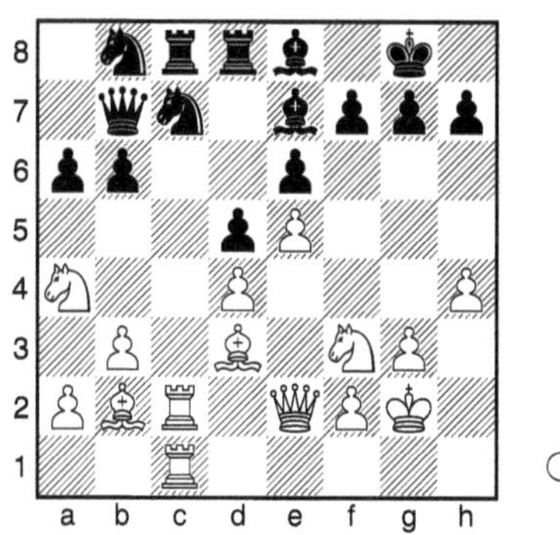

Txc8 29.Th1+ Kg8 30.Dg4
Df7 31.fxg7+-;
B) 26...Kg8 27.Dh5 f6
28.g6+-]
26.Dd2 Sb5 27.Sxe6+ Kh7
28.Sxd8 Txd8 29.h5→

Horwitz 1876

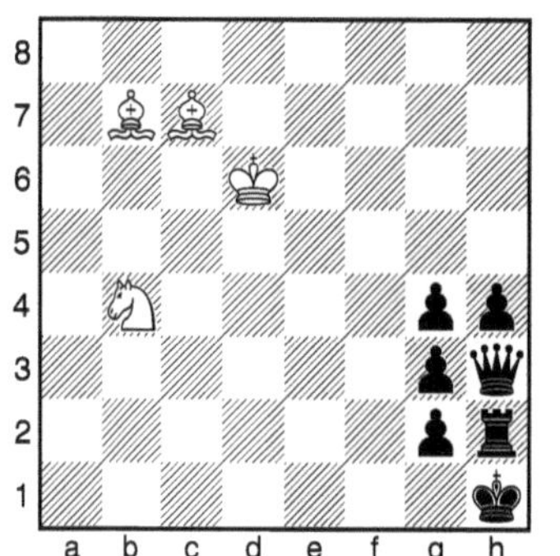

1.Sc2!! Kg1 2.Lb6+ Kh1 3.Kc5
Kg1 4.Kd5+ Kh1 5.Kd4 Kg1
6.Ke4+ Kh1 7.Ke3 Kg1 8.Kd2+
Kh1 9.Sd4 Kg1 10.Se6+ Kh1

11.Sc5 Kg1 12.Se4+ Kh1 13.Lc5
g1D+ 14.Sf2#

☐ **Der brillante Schachzug 061**
■ **T&S vs L&S&B**
Garcia 2000

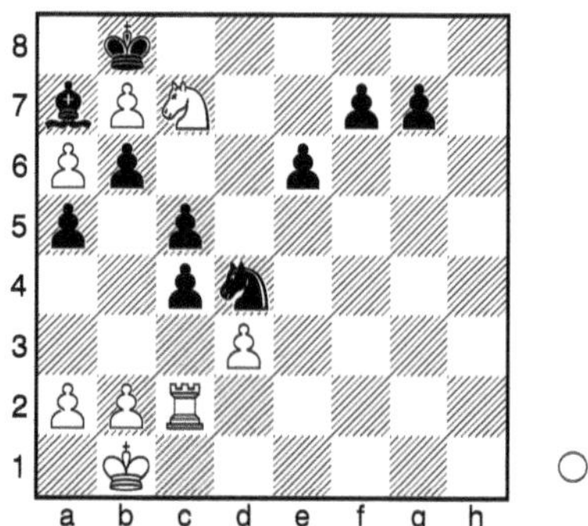

1.Sa8!!
[≤1.Tf2?! Kxc7 2.Txf7+ Kc6
3.dxc4 (*3.Tf8 cxd3⇄*) 3...b5
4.b8D Lxb8 5.Tb7 La7 6.Txa7
Kb6 7.Td7 Kxa6⇄]
1...Sxc2
[1...cxd3 2.Th2 Sc6 3.Th8+
Sd8 4.Txd8#]
[1...b5 2.Th2 Lb6 3.Th8+ Ld8
4.Txd8+ Ka7 5.b8D+ Kxa6
6.Sc7#]
2.Kxc2 g5
[2...cxd3+ 3.Kxd3+-]
[2...f5 3.dxc4 e5 4.Kd2+-]
3.dxc4 a4
[3...f5 4.Kd3 e5 (*4...g4*
5.Ke2+-) 5.Ke2+-]
[3...e5 4.Kd3+-]
4.Kd3 f5
[4...g4 5.Ke2+-]
5.Ke2 g4

[5...e5 6.Ke3 g4 7.Kf2+-]
6.a3 f4
[6...e5 7.Kf1+-]
7.Kf1 e5 8.Kf2 e4 9.Kf1 g3
10.Kg2+-

☐ **Der brillante Schachzug 062**
■ **L&L vs S&S**
Spraggett-Morovic, ESP-Ch 1994

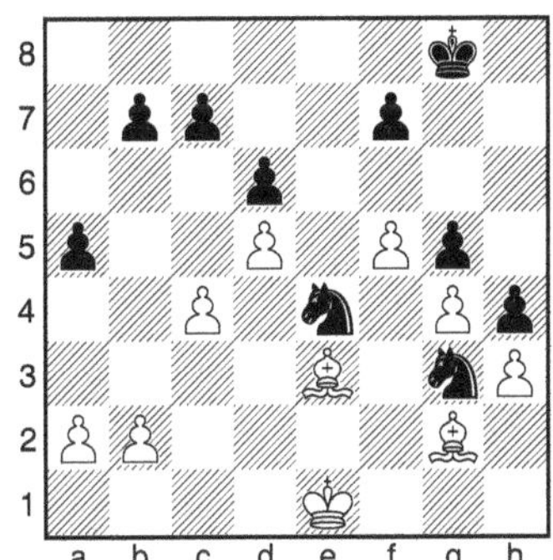

32.Lxe4!!
[≤32.a3?! f6 33.b4 (*33.Lxe4*
Sxe4=) 33...axb4 34.axb4 Sc3
35.Ld4 Sge4⇄]
32...Sxe4 33.Ke2 f6
[33...c6 34.dxc6 bxc6
35.Kd3+-]
34.Kd3 Sc5+
[34...Sg3 35.Lf2 Kf7 (*35...a4*
36.Lxg3 hxg3 37.Ke3+-; 35...Sf1
36.Ke2+-; 35...Sh1 36.Le1+-)
36.Lxg3 hxg3 37.Ke3+-]
35.Lxc5 dxc5 36.Kc3 Kf7
[36...a4 37.b4 axb3
38.Kxb3+-]
37.Kb3 Ke7 38.Ka4 b6
39.Kb5+-

☐ **Der brillante Schachzug 063**
■ **L&S vs L&B**
Zimmer 1999

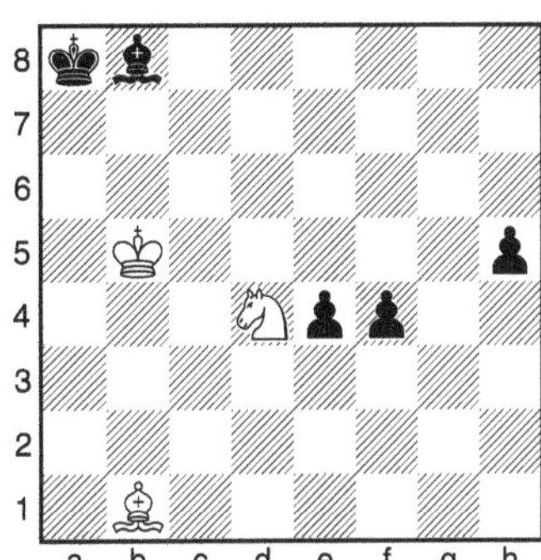

1.Ka6!!
[1.Lxe4+? Ka7=]
1...La7
[1...Ld6 2.Sc6 f3 3.Lxe4 f2
4.Lg2 Lc7 (*4...Lc5 5.Se5++-*)
5.Lf1 h4 6.Lh3 Lf4 (*6...Ld6*
7.Kb6+-) 7.Kb6 Le3+ 8.Kc7
Lf4+ 9.Kc8 f1D 10.Lxf1 h3
11.La6 h2 12.Lb7#]
[1...Le5 2.Sc6 f3 3.Lxe4 f2
4.Sxe5++-]
2.Sc6 f3 3.Sxa7 f2
[3...Kb8 4.Lxe4+-]
4.Lxe4++-

☐ **Der brillante Schachzug 064**
■ **Läuferopfer h6**
Wohl-Mikhalev, CorrGame 1989

(Diagramm)

25.Lxh6!! gxh6 (Var)
[25...Lf4 26.Lxf4 Txd3 27.exd3

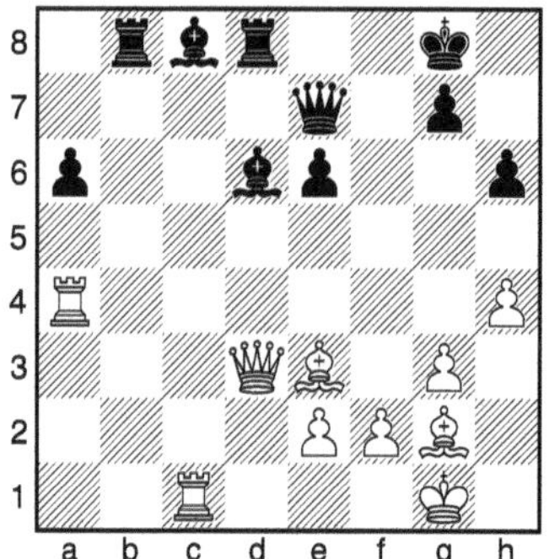

e5 (27...Ld7 28.Txa6+-)
28.Te4 Le6 (28...Lb7
29.Tb1+-) 29.Txe5+-]
[25...Le5 26.De4 Lf6 27.Lg5+-]
26.Tg4+ Kh8
[26...Kf8 27.Dg6+-]
27.Dg6 Df8 28.Tc3 Le5
[28...Lb7 29.e4+-]
29.Tf3 Dg7 30.Dh5 Tb1+
31.Kh2 Tb5 32.Txg7 Lxg3+
33.Kxg3 Txh5 34.Tff7+-

☐ **Der brillante Schachzug 065**
■ **Matt in 22**
Van Essen 2005

(Diagramm)

1.Lxc5+!! Kxc5
 [1...Kxa5 2.a3 Sd6+ 3.Lxd6 c5
 4.Lxc5 fxe5 5.Lb6#]
2.d4+ Kxd4
[2...Kb4 3.Te3 dxc4 4.a3+
Kxa5 5.Sxc4+ Ka4 6.Ld1#]
3.Sb5+ Kxe5 4.Sd3+ Kxf5
5.Sd4+ Kg6 6.Sf4+ Kg7 7.Sf5+
Kf8 8.Sg6+ Ke8 9.Kc8 gxf3

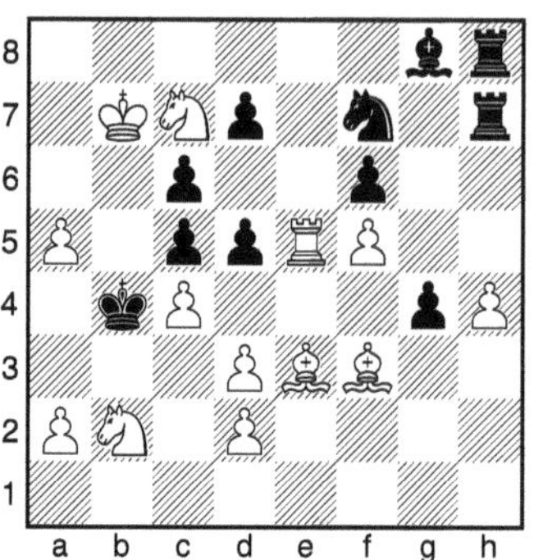

[9...dxc4 10.Lxg4 d6 11.Sg7+
Txg7 12.Ld7#]
10.a6 f2 11.a7 f1D 12.a8S Df4
13.Sc7+ Dxc7+ 14.Kxc7 d6
[14...dxc4 15.a4 c3 16.dxc3 c5
17.a5 d5 18.Kc8 c4 19.a6 d4
20.a7 d3 21.a8D d2 22.Da4#]
15.Kc8 dxc4 16.a4 c3 17.dxc3
d5 18.a5 c5 19.a6 d4 20.a7 d3
21.a8D d2 22.Da4#

☐ **Der brillante Schachzug 066**
■ **Linienöffnen**
Miles-Beliavsky, Tilburg 1986

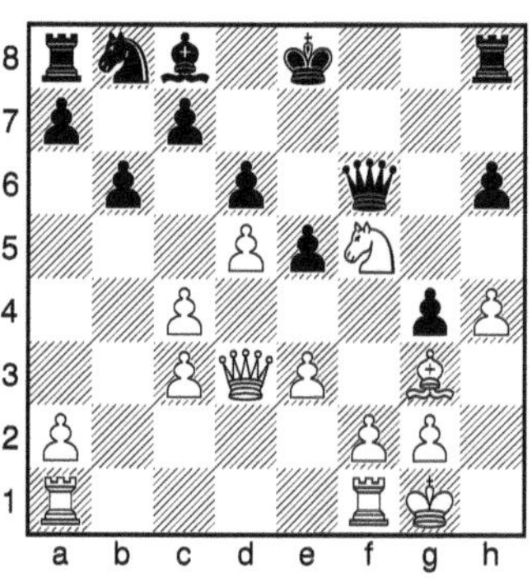

18.f4!!
  [≤18.e4?! Lxf5 19.f4 (*19.exf5*
  Sd7⇄) 19...gxf3 20.Txf3
  (*20.Dxf3 Tg8⇄*) 20...Sd7
  21.Txf5 Dg6⇄]
18...gxf3 (Var)
  [*18...Dxf5 19.e4 Dh5 (19...Dd7*
  20.fxe5 dxe5 21.Lxe5 Tg8
  22.Lf6+-; 19...Dg6 20.fxe5+-)
  20.fxe5 dxe5 (20...Sd7
  21.e6+-) 21.d6 c6 22.d7+ Lxd7
  23.Dd6+-]
  [*18...Lxf5 19.e4 Lg6 (19...Ld7*
  20.fxe5 Dg6 21.e6+-) 20.fxe5
  Dg7 21.exd6 cxd6 22.Lxd6+-]
19.Txf3 Dg6
  [*19...Sa6 20.Taf1+-*]
  [*19...Lxf5 20.Txf5 Dg7*
  (20...De7 21.Taf1 Sd7
  22.Tf7+-) 21.Lxe5 dxe5 22.d6
  c6 23.De4+-]
  [*19...Tg8 20.Sxd6++-*]
  [*19...Sd7 20.Sd4 Sc5 21.Txf6*
  Sxd3 22.Sb5+-]
20.Lxe5 dxe5 21.De4 Kd8
22.h5 Lxf5 23.Txf5+-

□ **Der brillante Schachzug 067**
■ **Turmopfer**
Prasad-Tilak, India-Ch 1990

(Diagramm)

23.Txh6!!
  [≤23.f6?! (die langsamere
  Variante)]
23...gxh6 24.f6 Lg7 (Var)
  [24...bxc3 25.f7+ Txf7 26.gxf7+
  Kxf7 27.Tf1+ Ke7 28.Lf6+ Kf7
  29.Dh5+ Kg8 30.Dg6+ Lg7

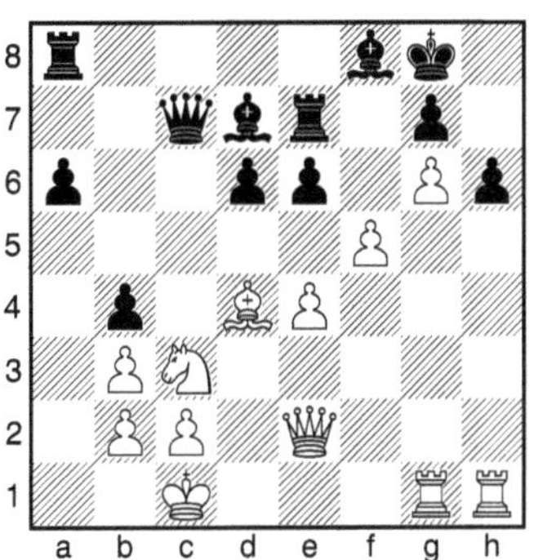

  31.Dxg7#]
  [*24...e5 25.Sd5 Db7 (25...Lb5*
  26.Dh5+-) 26.Dh5+-]
  [*24...Da5 25.f7++-*]
25.Dh5 d5 26.Sxd5 exd5
27.Dxd5++-

□ **Der brillante Schachzug 068**
■ **Pos. Läuferopfer**
Smagin-Levitt, Amantea 1993

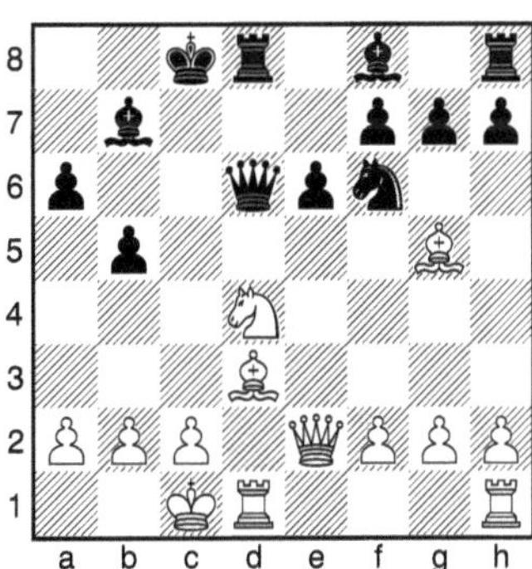

14.Lxb5!!
  [14.Sf3?! Lxf3 15.gxf3
  (*15.Dxf3 Dd5⇄*) 15...Dd5⇄]
14...axb5

[14...Db6 15.Dc4+ Lc5 16.b4
axb5 17.Dxc5+ Dxc5
18.bxc5→]
15.Sxb5 Db6 (Var)
[15...Db4 16.Txd8+ Kxd8
17.Td1++-]
[15...Dc5 16.Le3+-]
16.Txd8+ Kxd8
[16...Dxd8 17.Dc4++-]
17.Td1+ Kc8
[17...Ke8 18.De5 Ld5 19.c4→]
18.Dc4+ Lc5 19.Le3 Se4
20.Sc3→

☐ **Der brillante Schachzug 069**
■ **L&L&S vs D**
Neghina 2010

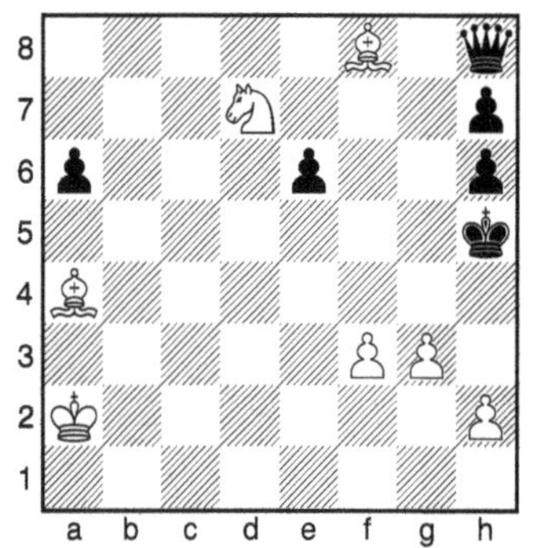

**1.Se5!! Dxf8 2.f4 Dd8 3.Lc6
Dd2+**
[3...Da5+ 4.Kb3 Db6+ 5.Kc4
Dc7 6.Kd3 Dd6+ 7.Ke2+-]
4.Kb3 De3+
[4...Dd1+ 5.Kc4+-]
5.Kc4 Dc1+ 6.Kb4 Db2+
[6...a5+ 7.Kb5 Db2+ 8.Ka6
De2+ (8...Dxe5 9.fxe5+-)
9.Kb7 Db2+ 10.Kc7 Dc3

11.Kd6 Dd4+ 12.Kxe6+-]
7.Kc5 Da3+ 8.Kb6 Dd6
[8...De3+ 9.Kc7+-]
9.Kb7 De7+
[9...Db4+ 10.Kc8+-]
10.Kc8 Df8+ 11.Kd7 Dg7+
12.Kxe6 Dg8+ 13.Kd6 Dd8+
[13...Df8+ 14.Kd5+-]
14.Kc5 Dc7
[14...Da5+ 15.Kd4+-]
15.Kd4 Db6+
[15...Dd6+ 16.Ke4+-]
16.Kd3 Db3+ 17.Ke2 Dc2+
[17...Db2+ 18.Kf3+-]
18.Kf3 Dd1+
[18...Dc3+ 19.Kg2+-]
19.Kg2 De2+ 20.Kh3 Df1+
21.Lg2 De2 22.g4+ Dxg4+
23.Sxg4+-

☐ **Der brillante Schachzug 070**
■ **Läuferopfer g4**
Georgiev-Spasov, Sofia 1991

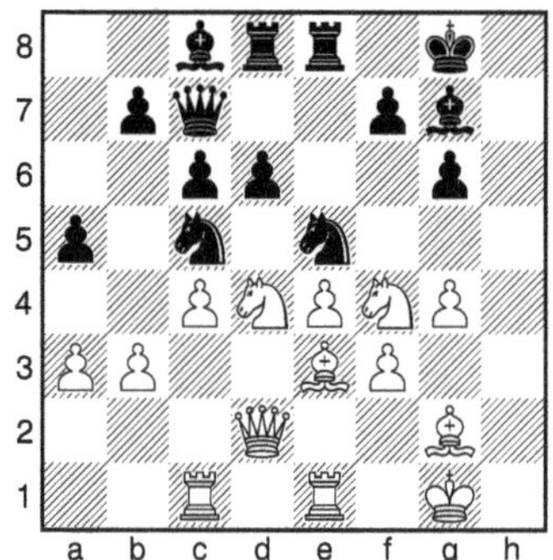

23...Lxg4!!
[23...a4!?]
[23...Lh6!?]
[23...De7!?]

24.fxg4
 [24.b4 Lxf3 25.Sxf3 Sb3
 26.Df2 (*26.Dc2 Sxc1-+*)
 26...Sxc1 27.Txc1 Sg4-+]
24...Sxg4 25.De2 (Var)
 [25.b4 Sxe4-+]
 [25.Sfe2 Sxe4 26.Lxe4
 Txe4-+]
 [25.Tc2 Sxe4 26.Dd1 Sxe3
 27.Txe3 d5-+]
 [25.Lf2 d5 26.cxd5 (*26.exd5*
 Lxd4-+) 26...Lxd4 27.Lxd4
 (*27.Dxd4 Sxb3 28.Dc3 Sxc1*
 29.Dxc1 Sxf2 30.Kxf2 De5-+)
 27...Sxb3 28.Dd1 Dxf4 29.Dxb3
 Txd5-+]
 [25.Tcd1 Sxe4 26.Dc2
 (*26.De2 Sef6 27.Df3 d5-+*)
 26...Db6 27.Sf5 (*27.Dc1 Sxe3*
 28.Dxe3 Sg5-+) 27...Sxe3
 28.Sxe3 Ld4-+]
25...Sxe3 26.Dxe3 d5 27.cxd5
Lxd4 28.Dxd4 Sxb3→

☐ **Der brillante Schachzug 071**
■ **Initiative**
Haugen-Vosahlik, CorrGame 2001

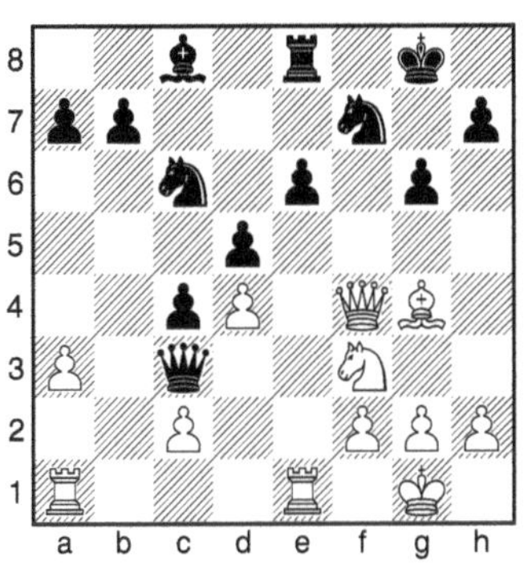

24.Ta2!!
 [≤24.Tac1?! Dxa3⇄]
 [≤24.h4?! e5⇄]
 [24.Df6?! Sd6⇄]
24...e5
 [24...Da5 25.De3→]
 [24...h5 25.Te3→]
25.dxe5 Sfxe5
 [25...Lxg4 26.Te3→]
26.Te3 Sxf3+ 27.gxf3 Txe3
28.Dxe3 Dxe3 29.fxe3 Lxg4
30.fxg4→

☐ **Der brillante Schachzug 072**
■ **Abtausch**
Shabalov-Serper, USA-ch 1996

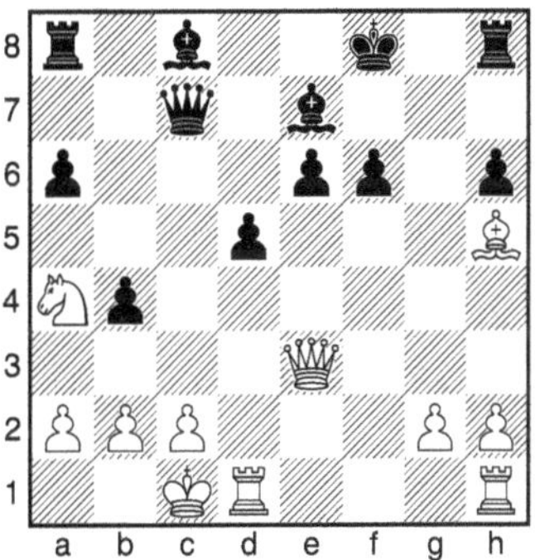

20.Sb6!! Tb8 (Var)
 [20...Lc5 21.Df3 Lxb6 22.Dxf6+
 Kg8 23.Thf1 Dg7 (*23...Le3+*
 24.Kb1 Dg7 25.Df3+-)
 24.Dxg7+ Kxg7 25.Tf7+ Kg8
 26.Td3+-]
21.Sxc8 Txc8 22.Td2 Dd6
 [22...e5 23.Tf1→]
 [22...De5 23.Dxe5 fxe5
 24.Tf2+ Kg8 25.Lf7+ Kg7
 26.Lxe6→]

23.Te1 Tc6
[23...f5 24.Kb1 Lg5 25.Dd4→]
24.Dd3 f5
[24...Tg8 25.Dh7 Tg7 26.Dh8+
Tg8 27.Dxh6+ Tg7 28.g4→]
25.Tde2→

☐ **Der brillante Schachzug 073**
■ **Springeropfer**
Padevsky-Lalev, Bulgaria 1989

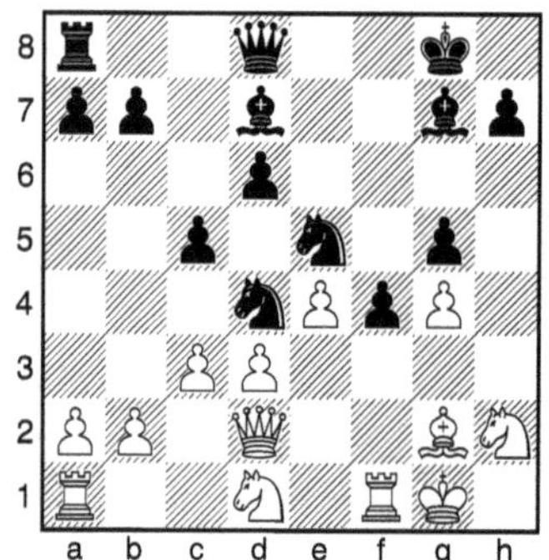

19...Sxg4!!
[≤19...Sdc6?! 20.Sf2∞]
20.Sxg4
[20.e5 Sxh2 21.Kxh2 Sf5-+]
20...Lxg4 21.cxd4 Lxd4+ 22.Tf2
[22.Sf2 f3-+]
22...Df6 23.Sc3
[23.Tc1 Le6-+]
23...f3-+

☐ **Der brillante Schachzug 074**
■ **Königsangriff**
Nielsen-Malmdin, CorrGame 1995

(Diagramm)

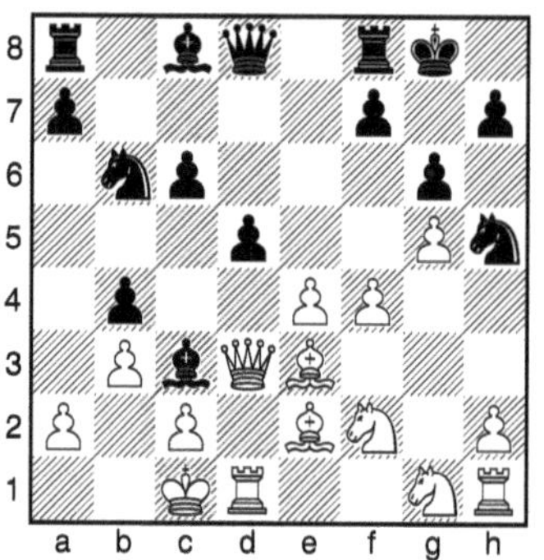

16...Sc4!! 17.bxc4
[17.exd5 Da5 18.Kb1 Sa3+-+]
[17.Ld4 Sxf4-+]
17...Da5 18.Kb1 Tb8 19.Lc1
[19.Sf3 b3-+]
19...dxc4 20.Dxc4
[20.Dd6 Le6 21.f5 (21.Sg4
Tb6-+) 21...Tb6-+]
20...Le6-+

☐ **Der brillante Schachzug 075**
■ **Springeropfer**
Forssen-Eriksson, CorrGame 1978

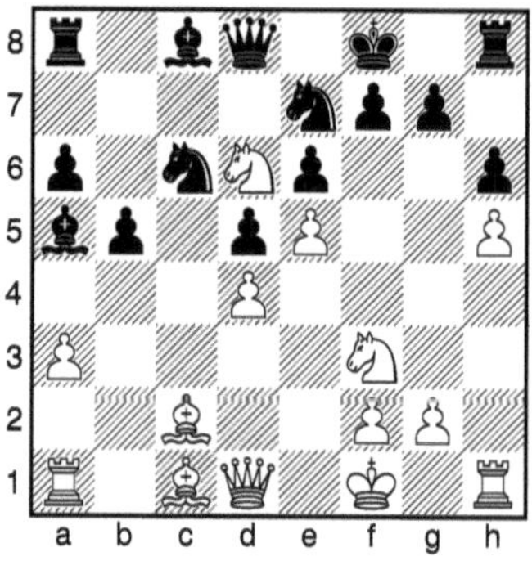

15.Sg5!! hxg5

[15...Db6 16.Le3+-]
16.Lxg5 f6 (Var)
  [16...Lc7 17.h6 Kg8 (*17...g6*
  18.h7 Lxd6 19.Lf6+-; 17...gxh6
  18.Txh6+-) 18.Dg4+-]
  [16...Kg8 17.h6+-]
  [16...Dd7 17.h6+-]
17.h6 fxg5
  [17...g6 18.Lxf6+-]
18.Dh5 g6 19.Dxg5 Sf5
  [19...Th7 20.Lxg6+-]
20.Dxg6 De7
  [20...Ta7 21.Lxf5+-]
21.Lxf5 Ld7
  [21...Sxd4 22.Lg4+-]
22.Lg4+-

 Der brillante Schachzug 076
■ **Königsangriff**
Nunn-Lalic, London 1996

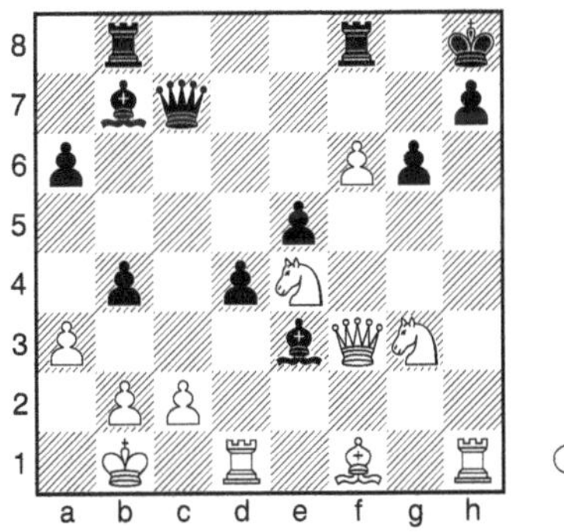

25.Lc4!!
  [≤25.a4?! Tf7∞]
  [≤25.axb4?! Ld5⇄]
25...Lxe4 (Var)
  [25...Lf4 26.Txh7+ Dxh7
  27.Th1 Lh6 28.f7+-]
  [25...Dxc4 26.Txh7+ Kxh7

  27.Th1++-]
  [25...bxa3 26.f7+-]
26.Sxe4 bxa3 27.Lb3 axb2
  [27...Txb3 28.cxb3+-]
28.f7+-

 Der brillante Schachzug 077
■ **D vs T&L&L**
Riazantsev-Rublevsky, Warschau 2005

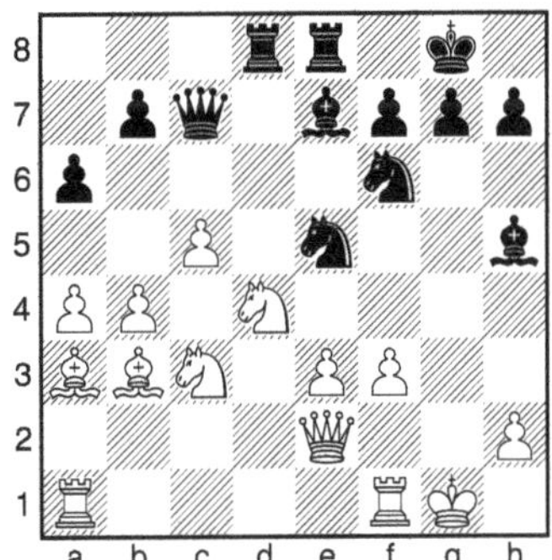

19...Lxc5!!
  [19...Txd4!! 20.exd4 Lxc5
  21.bxc5 Sxf3+-+]
20.bxc5 Txd4 21.exd4
  [21.Tad1 Txd1 22.Lxd1 Td8
  23.De1 Dc6-+]
**21...Sxf3+ 22.Dxf3 Lxf3 23.Txf3
Sg4 24.Lxf7+ Kh8 25.Lxe8
Dxh2+ 26.Kf1 Dh1+ 27.Ke2
Dg2+ 28.Kd3 Dxf3+ 29.Kc4
Se3+ 30.Kb3 Df5-+**

☐ **Der brillante Schachzug 078**
■ **D&S vs D&S**
Gunst 1947

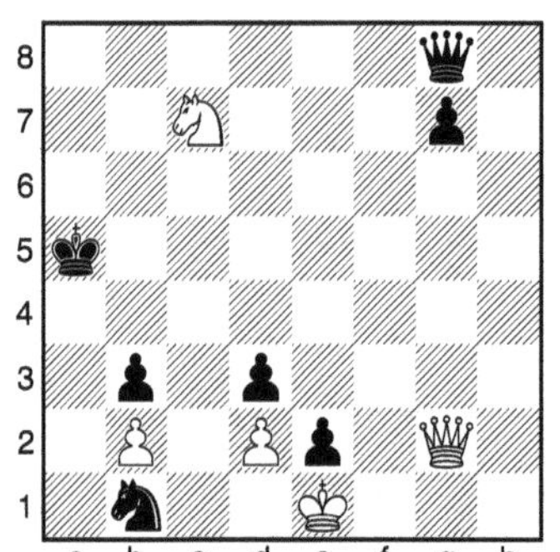

1.Dc6!! Db8 2.Dc5+ Ka4 3.Dc4+ Ka5 4.Dc6 g6
[4...Db6 5.Da8+ Kb4
6.Sd5++-]
5.Dc5+ Ka4 6.Dc4+ Ka5 7.Dc6 g5 8.Dc5+ Ka4 9.Dc4+ Ka5 10.Dc6 g4 11.Dc5+ Ka4 12.Dc4+ Ka5 13.Dc6 g3
[13...Db6 14.Da8+ Kb4
15.Sd5++-]
14.Dc5+ Ka4 15.Sd5 g2 16.Sb6+ Dxb6 17.Dxb6 g1D+
[17...Sa3 18.Da6+ Kb4
19.Dxa3++-]
18.Dxg1+-

☐ **Der brillante Schachzug 079**
■ **Linienöffnen**
Karacsony-Dobrei, CorrGame 2005

(Diagramm)

1.e5!!

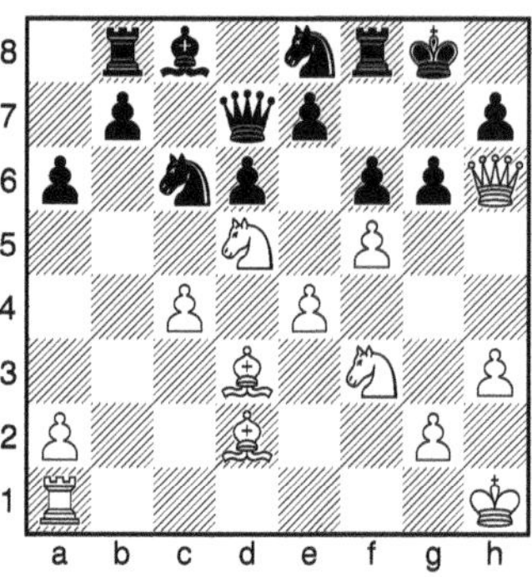

[≤1.Sb6?! Dc7
A) 2.fxg6 e5 3.Sxc8 (*3.c5
Dg7 4.Lc4+ Kh8=; 3.Sh4 Le6
4.Sf5 hxg6=*) 3...Txc8 4.Sg5
fxg5=;
B) 2.Sd5 Dd7 3.c5 (*3.Sb6
Dc7 4.fxg6 e5=; 3.fxg6 e5
4.Tf1 Dg7=*) 3...gxf5 4.Sb6
Dc7=;
C) 2.c5 gxf5 3.Lc4+ (*3.exf5
Tf7 4.Lc4 Lxf5=; 3.Sxc8 Dxc8
4.Lc4+ Tf7=*) 3...e6 4.Sxc8
Sd8=]
[≤1.c5?! gxf5
A) 2.exf5 Tf7 3.Lc4 (*3.Te1
b5 4.cxb6 Se5=; 3.Lf4 dxc5
4.Lc4 b5=*) 3...Dxf5 4.Sd4
Dd7=;
B) 2.Sb6 Dc7 3.Lc4+ (*3.exf5
Tf7 4.Lc4 Lxf5=; 3.Sxc8 Dxc8
4.Lc4+ Tf7=*) 3...e6 4.Sxc8
Sd8=]
1...gxf5
[1...e6 2.fxe6 Dxe6 (*2...Dg7
3.Dxg7+ Kxg7 4.e7+-*) 3.Lxg6
hxg6 4.Dxg6++-]
2.g4 dxe5
[2...Sxe5 3.Sxe5 dxe5
(*3...fxe5 4.Tg1 Tf7 5.gxf5++-*)

4.Lb4+-]
[2...Tf7 3.Lxf5 e6 4.exf6+-]
[2...e6 3.Sxf6++-]
3.gxf5 Tf7 4.Dh5 Tg7
[4...Sg7 5.Tg1 Dd8 6.Lh6 Df8
7.Sh4+-]
5.Lh6 Kh8 (Var)
[5...Dd8 6.Lxg7 Sxg7 7.Tg1+-]
**6.Lxg7+ Sxg7 7.Dh6 De8 8.Tg1
Df7 9.Sh4 Lxf5 10.Sxf5 Sxf5
11.Lxf5+-**

 Der brillante Schachzug 080
■ **Matt in 12**
Cohn 1928

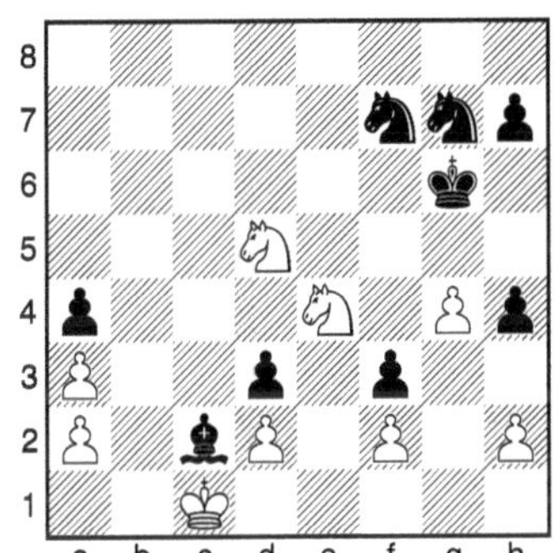

1.Sf4+!!
[1.Se7+? Kh6 2.Sg8+ (*2.Kb2
Se5∓*) 2...Kg6=]
**1...Kh6 2.g5+ Sxg5 3.Sd6 h3
4.Kb2 Ld1 5.Kb1 Le2**
[5...Lc2+ 6.Kc1 Lb3 7.axb3
axb3 8.Kb2 S5e6 9.Sf7#]
6.Kc1 Lf1 7.Kd1 Lg2
[7...Le2+ 8.Ke1 Ld1 9.Kxd1
S7e6 10.Sf5#]
**8.Ke1 Lh1 9.Kf1 Lg2+ 10.Kg1
Lf1 11.Kxf1 Se4 12.Sf7#**

□ **Der brillante Schachzug 081**
■ **Pos. Bauernopfer**
YeJiangchuan-Lutz, Batumi 2001

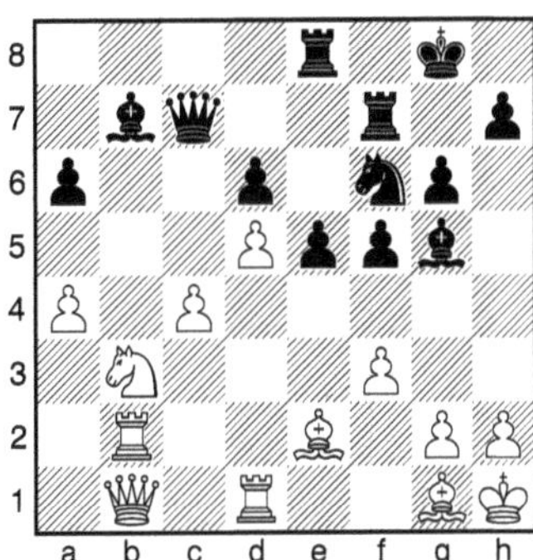

23.c5!!
[≤23.Sa5?! Dxa5 24.Txb7
Sd7⇄]
[≤23.a5?! Tb8⇄]
**23...Lxd5 24.cxd6 Dxd6 25.Sc5
e4** (Var)
[25...Df8 26.Tb6 Td8 27.Txd5
Sxd5 28.Se6+-]
[25...Tc7 26.Sxa6 Tc3 27.Sb4
De6 28.Sxd5 Sxd5 29.Tb8→]
26.fxe4 fxe4
[26...Sxe4 27.Sxe4 Txe4
28.Lf3→]
**27.Tb6 De5 28.Ld4 Df5
29.Sb7→**

□ **Der brillante Schachzug 082**
■ **Königsangriff**
Castillo-Silva, CorrGame 2002

(Diagramm)

21.Sd5!! exd5

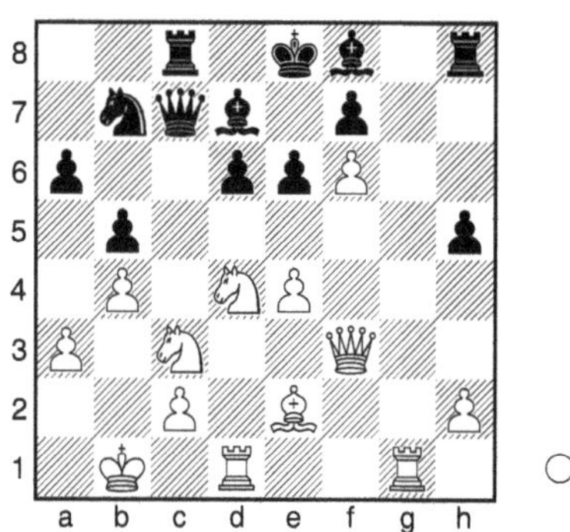

[21...Db8 22.Se7 Lxe7 23.fxe7
Kxe7 24.e5+-]
22.exd5 Kd8
[22...Sc5 23.bxc5 Dxc5 24.Tg7
Lxg7 25.fxg7 Tg8 26.Df6+-]
23.Tg7 Dc3 24.Sc6+ Txc6
25.dxc6 Dxc6 26.Txf7+-

□ **Der brillante Schachzug 083**
■ **D&L&S vs D&B**
Liburkin 1935

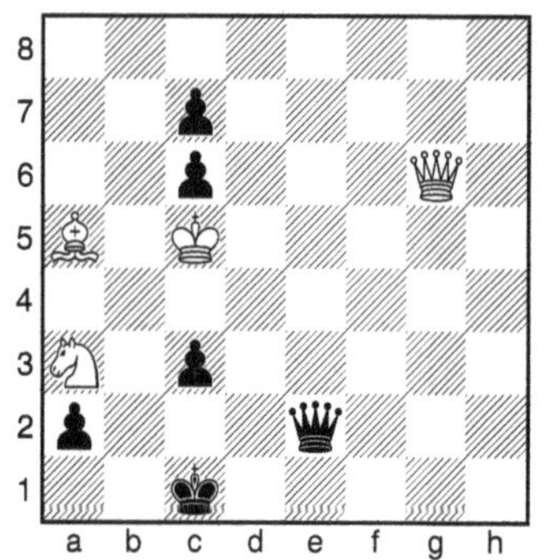

1.Dg1+!! Dd1
[1...Kb2 2.Da1+ Kxa1 3.Lxc3+
Db2 4.Kd4 c5+ 5.Kc4 c6

6.Kd3 c4+ 7.Kd4 c5+ 8.Kxc4
Dxc3+ 9.Kxc3 c4 10.Kc2 c3
11.Kc1 c2 12.Sxc2#]
2.Dxd1+ Kxd1 3.Lxc3 Kc1
[3...Ke2 4.Kxc6+-]
4.Kb4 c5+
[4...Kd1 5.Kb3+-]
5.Kc4 Kd1
[5...c6 6.Kb3+-]
6.Kb3 Kc1
[6...a1D 7.Lxa1+-]
[6...Ke2 7.Kxa2+-]
7.Kxa2+-

□ **Der brillante Schachzug 084**
■ **Königsangriff**
Karjakin-Anand, WijkAanZee 2006

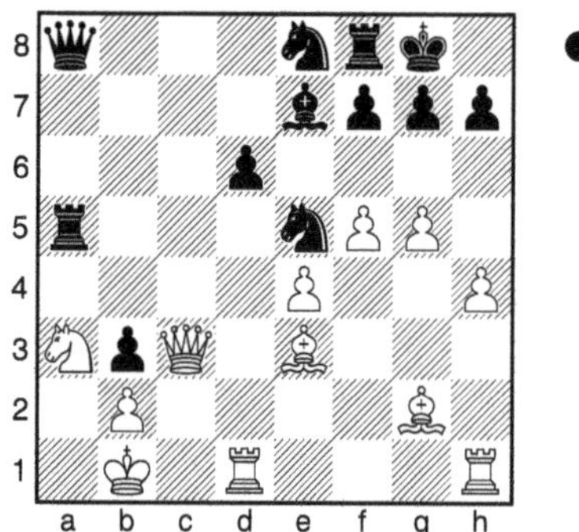

**24...Sc7!! 25.Dxc7 Tc8 26.Dxe7
Sc4 27.g6**
[27.Lc5 Sxa3+ 28.bxa3 Txa3
29.Dxd6 Ta5 30.e5 Ta1+
31.Kb2 Ta2+ 32.Kc3 Txg2-+]
27...hxg6 28.fxg6
[28.Ld4 Txa3 29.bxa3
Sxa3+-+]
28...Sxa3+ 29.bxa3 Txa3
30.gxf7+ Kh7-+

☐ **Der brillante Schachzug 085**
■ **Pos. Bauernopfer**
Svidler-Karpov, Donostia 2009

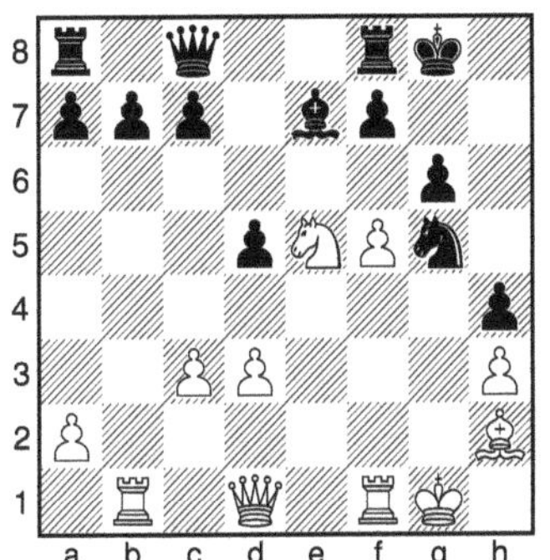

1.f6!! Ld6
  [1...Ld8 2.Dd2→]
  [1...Sxh3+ 2.Kh1 Ld8 3.De2→]
  [1...Lc5+ 2.d4 Sxh3+ 3.Kh1→]
2.Dd2 Sxh3+
  [2...Se6 3.Dh6+-]
3.Kh1 Lxe5
  [3...g5 4.Tg1+-]
  [3...Kh7 4.Dg2 Lxe5 5.Lxe5→]
4.Lxe5 Kh7
  [4...g5 5.Tf3→]
5.Dg2→

☐ **Der brillante Schachzug 086**
■ **Matt in 14 Zügen**
Robertson 1883

(Diagramm)

1.Lf8!! Kc1
  [1...c3 2.Kh7 d6 3.Kg6 Kc1
  4.Lh6+ Kb1 5.Kg5 Kc1 6.Kg4+
  Kb1 7.Kf4 Kc1 8.Kf3+ Kb1

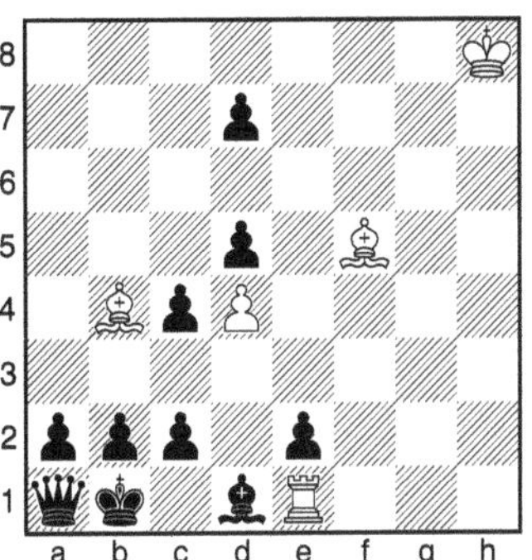

9.Ke3 Kc1 10.Kf2+ Kb1 11.Tg1
e1D+ 12.Kxe1 Lf3 13.Kf2+ Ld1
14.Txd1#]
2.Lh6+ Kb1 3.Kh7 c3
  [3...d6 4.Kg6 c3 5.Kg5 Kc1
  6.Kg4+ Kb1 7.Kf4 Kc1 8.Kf3+
  Kb1 9.Ke3 Kc1 10.Kf2+ Kb1
  11.Tg1 e1D+ 12.Kxe1 Lf3
  13.Kf2+ Ld1 14.Txd1#]
**4.Kg6 d6 5.Kg5 Kc1 6.Kg4+
Kb1 7.Kf4 Kc1 8.Kf3+ Kb1
9.Ke3 Kc1 10.Kf2+ Kb1 11.Tg1
e1D+ 12.Kxe1 Lf3 13.Kf2+ Ld1
14.Txd1#**

☐ **Der brillante Schachzug 087**
■ **Springeropfer**
Ivanchuk-Alekseev, Jermuk 2009

(Diagramm)

21.Sd5!! exd5
  [21...Lc5 22.g5 fxg5 23.Dg4
  e5 24.Dxg5+ Dxg5 25.Lxg5+-]
22.Lxd5+ Kg7
  [22...Kh8 23.Df3 Le8 (23...Tg8
  24.Lxg8 Kxg8 25.Dd5++-)

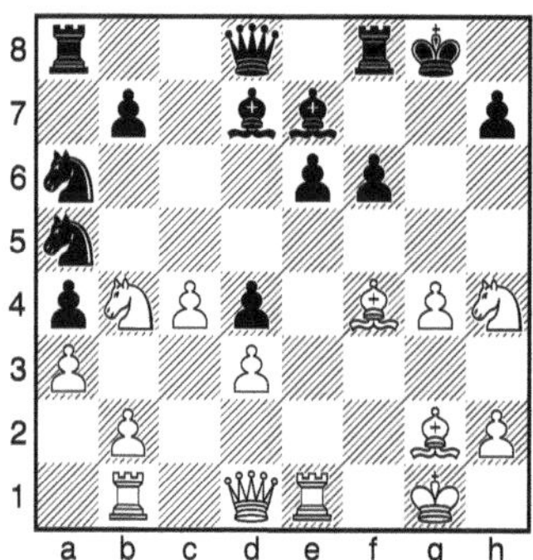

24.Sf5 Lb4 (*24...Lg6*
25.Sxe7+-) 25.axb4 Sxb4
26.Ld6+-]
[22...Tf7 23.Df3+-]
23.Df3 (Var) **Tg8**
[23...f5 24.Le5+ Kh6 25.Sxf5+
Lxf5 26.Dh3++-]
[23...De8 24.Te2 Sc6
(*24...Kh8 25.Tbe1 Lxg4*
26.Dxg4+-) 25.Tbe1 Se5
26.Txe5+-]
24.g5 Sc6 25.Lxg8 Dxg8
[25...Kxg8 26.g6+-]
26.Txe7+ Sxe7 27.Le5+-

☐ **Der brillante Schachzug 088**
■ **Matt in 17**
Weber 1946

(Diagramm)

1.Ta1!! Lf7 2.Ta8+ Le8 3.Kc8
Lc6
[3...Lb5 4.Kc7+ Le8 5.Kd8 La4
6.Ta5 Lb5 7.Ta2 Le2 8.Tb2
Lf3 9.Kd7 Lc6+ 10.Kxc6 Ke8
11.Tb8#]

4.Tb8 Le8 5.Kd8 Lb5 6.Ta8
Le8
[6...Lc6 7.Ta2 Lf3 8.Kd7 Lc6+
9.Kxc6 Ke8 10.Ta8#]
7.Ta2 Lf7 8.Kd7 Le8+ 9.Kc7
Lg6 10.Ta8+ Le8 11.Kd8 La4
12.Ta5 Lb5 13.Ta2 Le2 14.Tb2
Lf3 15.Kd7 Lc6+ 16.Kxc6 Ke8
17.Tb8#

☐ **Der brillante Schachzug 089**
■ **Königsangriff**
Süess-Eigenmann, CorrGame 2010

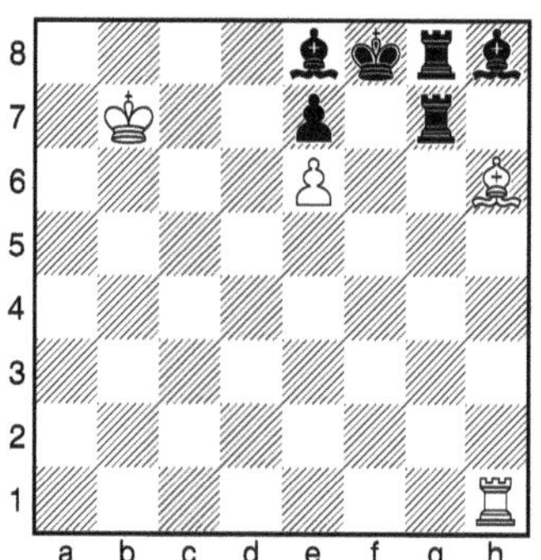

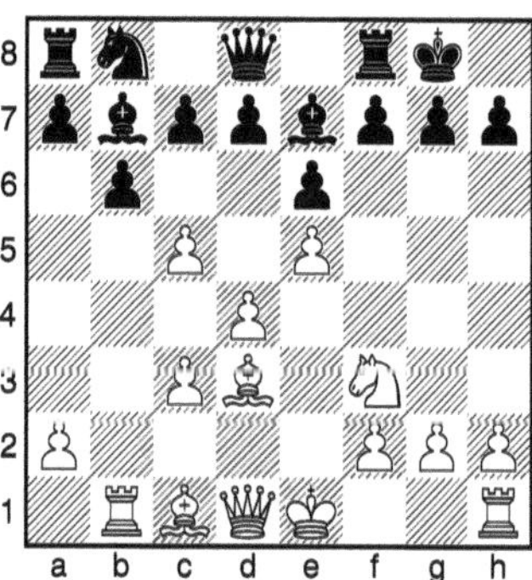

11.h4!!

[≤11.0-0?! d6⇄]
11...h6
[11...f6 12.exf6 Lxf6 *(12...Txf6*
13.Se5+-; 12...gxf6 13.Sg5+-)
13.Sg5+-]
12.Th3 f5 13.exf6 Lxf6
[13...Txf6 14.Se5 d6 *(14...Sc6*
15.Sg4+-) 15.Sg4+-]
14.g4 Ld5
[14...e5 15.g5+-]
[14...Le7 15.g5+-]
15.g5 Sc6
[15...bxc5 16.De2 cxd4
17.gxf6+-]
16.Lc2 Le7
[16...Lc4 17.Tg3+-]
17.gxh6+-

☐ **Der brillante Schachzug 090**
■ **T&T vs T&B**
Katsnelson 2000

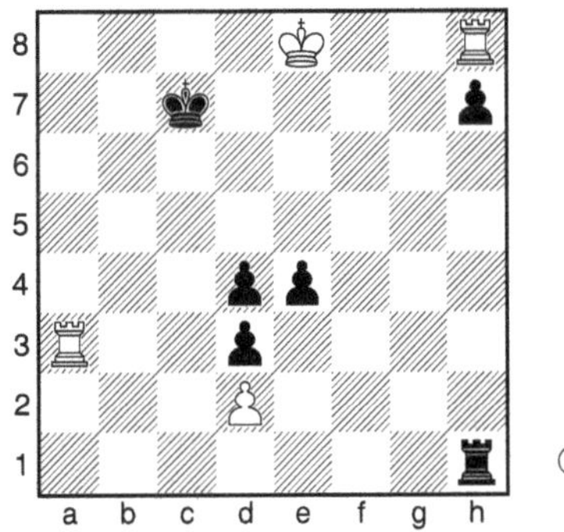

1.Ta4!!
[1.Ta7+!! Kb6 *(1...Kc6 2.Tf8*
e3 3.Tf6+ Kd5 4.Tf5+ Kc6
5.Ta6++-) 2.Tf7 Kc6 *(2...e3*
3.Kd7 e2 4.Tb8+ Ka6 5.Tf6+
Ka7 6.Tbb6 Ta1 7.Tbc6+-)

3.Ke7 Tg1 *(3...e3 4.Tf6++-)*
4.Tc8+ Kb7 5.Td8 e3 *(5...Kc6*
6.Tf6++-) 6.Kd6+ Ka6 7.Ta8+
Kb6 8.Taa7 Tg6+ 9.Kd5 Tg5+
10.Kxd4+-]
1...Kd6
[1...e3 2.Tc4+ Kb6 3.Kd7 exd2
(3...Tf1 4.Tb8++-; 3...Ka5
4.Kc6+-) 4.Tc6++-]
2.Kf7 Ke5
[2...h5 3.Te8 Tf1+ 4.Kg6+-]
3.Te8+ Kf5
[3...Kd5 4.Ta5+ Kc6 5.Txe4+-]
4.Txd4+-

☐ **Der brillante Schachzug 091**
■ **Verteidigung**
Voyna-Runting, CorrGame 2001

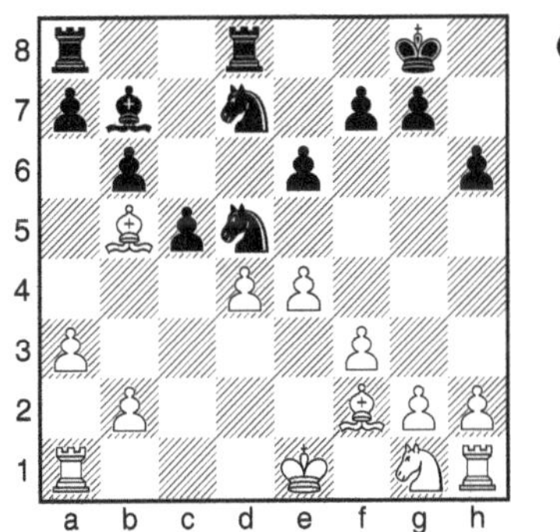

16...Sc7!! (Var)
[16...S5f6?! 17.Se2 Tac8
18.0-0→]
[16...Sf4?! 17.Se2 a6 18.Lc4
Sg6 19.0-0 cxd4 *(19...b5*
20.Lb3→; 19...Tac8 20.Tac1→)
20.Lxd4→]
17.Lxd7 Txd7 18.dxc5 f5

19.cxb6 axb6 20.Se2 fxe4
21.fxe4 Lxe4=

☐ **Der brillante Schachzug 092**
■ **B vs B**
Dubrovski 1997

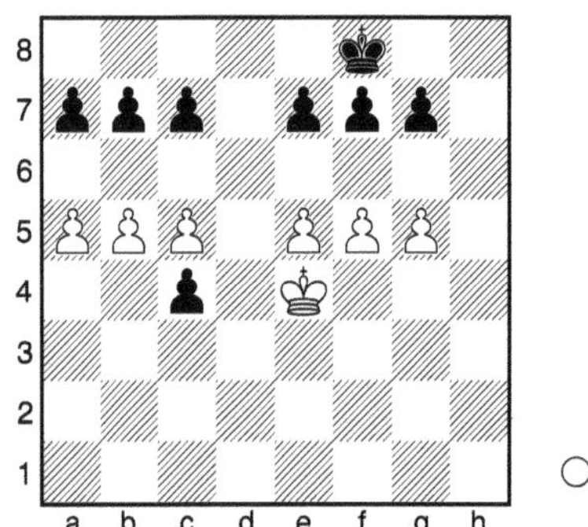

1.b6!! cxb6
[1...axb6 2.c6 bxc6 3.a6+-]
2.a6 bxa6 3.c6 Ke8 4.f6 gxf6
[4...exf6 5.g6 c3 (5...fxg6
6.e6+-; 5...Ke7 6.exf6++-)
6.exf6+-]
5.e6 fxe6
[5...fxg5 6.c7+-]
6.g6+-

☐ **Der brillante Schachzug 093**
■ **Läuferopfer**
Norrelykke-Keller, CorrGame 1986

(Diagramm)

28...h4!! 29.Le6+ (Var)
[29.Kg2 Tg7-+]
29...Txe6 30.dxe6 hxg3 31.e7

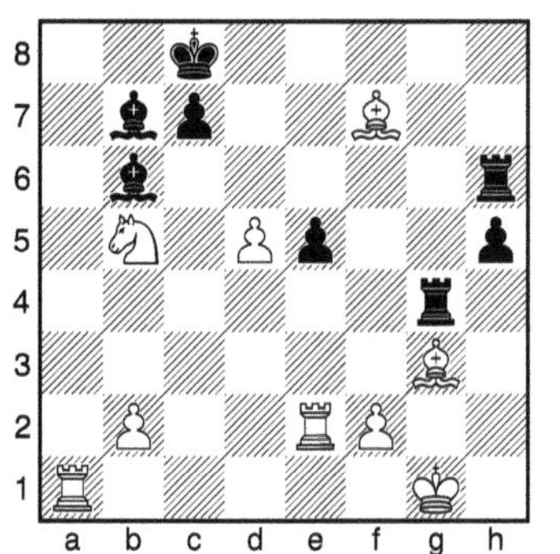

[31.Tc2 gxf2+ 32.Kh2 Kd8→]
31...gxf2+ 32.Kh2 Lc6 33.Sc3
Tg2+ 34.Kh3 Tg1→

☐ **Der brillante Schachzug 094**
■ **S vs L**
Mugnos 1950

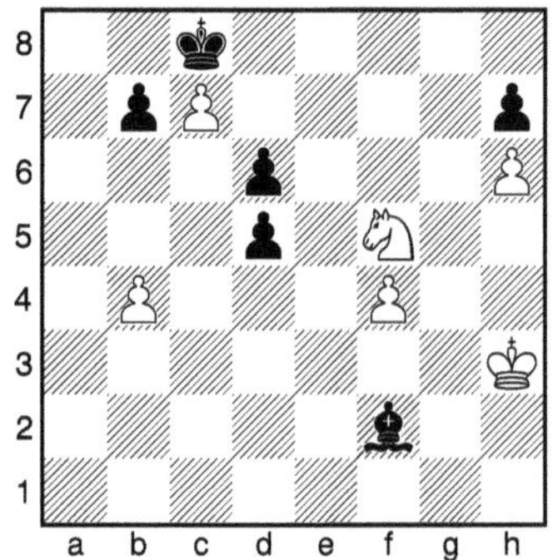

1.Kg2!! Le1
[1...Lb6 2.Se7+ Kxc7 3.Sxd5+
Kc6 4.Sf6 d5 5.Sxh7+-]
2.Kf1 Ld2
[2...Lxb4 3.Se7+ Kxc7 4.Sxd5+
Kd7 5.Sxb4 Ke6 6.Kf2+-]
3.Ke2 Lc1

[3...Lxb4 4.Se7+ Kxc7 5.Sxd5+
Kd7 6.Sxb4+-]
4.Kd1 Lb2
[4...Lxf4 5.Se7+ Kxc7 6.Sxd5+
Kd7 7.Sxf4+-]
5.Kc2 La1 6.Kb1 Lc3
[6...Lh8 7.Sg7 Kxc7 8.f5 Kd7
9.f6 b5 *(9...d4 10.Kc1+-)*
10.Kc2+-]
7.Sxd6+ Kxc7 8.Sb5+ Kc6
9.Sxc3+-

☐ **Der brillante Schachzug 095**
■ **L&S vs S&S**
Novikov 1960

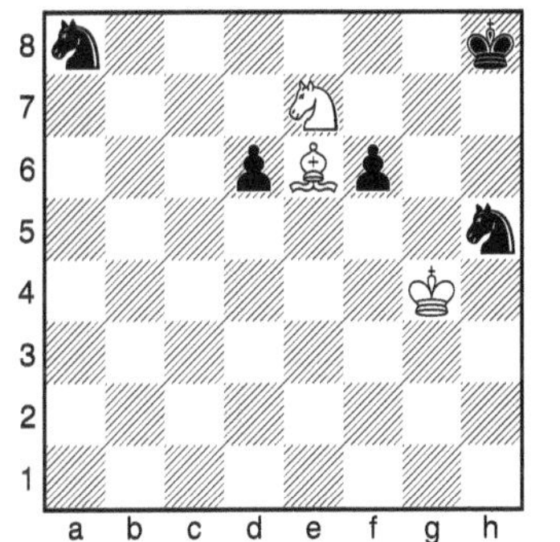

1.Sd5!! Sg7 2.Lf7 f5+ 3.Kf4
Kh7 4.Kg5 f4 5.Kxf4 Kh6
6.Kg4 Kh7 7.Kg5 Kh8
[7...Se6+ 8.Lxe6 Kg7 9.Ld7+-]
8.Kg6 Sc7 9.Sxc7 d5 10.Sa6
d4 11.Sb4+-

☐ **Der brillante Schachzug 096**
■ **Initiative**
Giuliani-Kosebay, CorrGame 2002

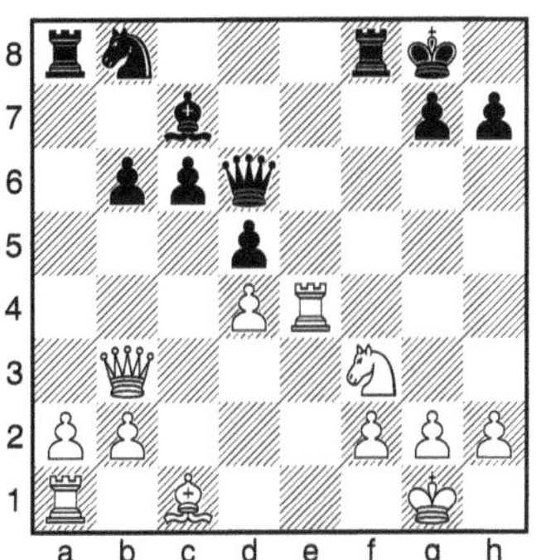

18.Lg5!! Txf3
[18...Sd7 19.Te7 h6 *(19...Ld8
20.Tae1→)* 20.Lh4 Ld8
21.Tae1 Lxe7 22.Lxe7 Txf3
23.Dxf3+-]
19.gxf3 Dxh2+ 20.Kf1 Dh1+
21.Ke2 Dxa1
[21...Dh5 22.Tg1→]
22.Te8+ Kf7 23.Te7+ Kg8
24.Txc7 Txa2 25.Ld2 Txb2
[25...Dxb2 26.Dxb2 Txb2
27.Tc8+ Kf7 28.Txb8→]
26.De3→

☐ **Der brillante Schachzug 097**
■ **Matt in 17**
Prokop 1928

(Diagramm)

1.Da4!! Kc1
[1...a6 2.Kd2 d6 3.Dxa6 d4
4.Da4 d3 5.Db3 d5 6.Dxd5

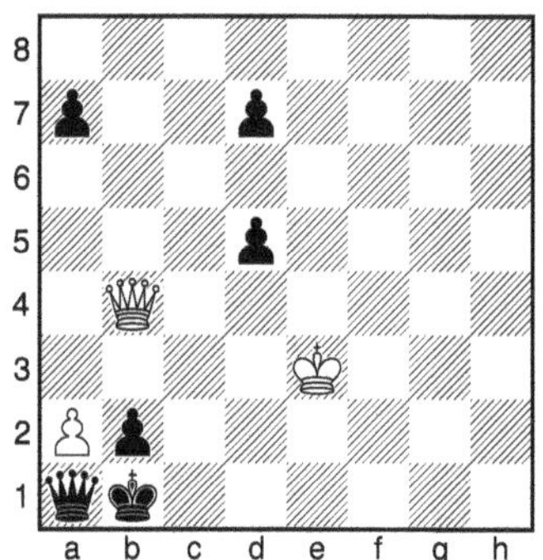

Dxa2 7.Dh1#]
2.Dd4 a6
   [2...Kc2 3.Dd2+ Kb1 4.Dxd5
   Kc1 5.Dc4+ Kd1 6.Dd3+ Kc1
   7.Dc3+ Kb1 8.Dc4 d5 9.Dxd5
   Kc1 10.Dc4+ Kd1 11.Dd3+
   Kc1 12.Dc3+ Kb1 13.Dc4
   Dxa2 14.Df1+ Kc2 15.Dd3+
   Kc1 16.Dd2+ Kb1 17.Dd1#]
**3.Dd2+ Kb1 4.Dxd5 Kc1 5.Dc4+
Kd1 6.Dd3+ Kc1 7.Dc3+ Kb1
8.Dc4 d5**
   [8...Dxa2 9.Df1+ Kc2 10.Dd3+
   Kc1 11.Dd2+ Kb1 12.Dd1#]
**9.Dxd5 Kc1 10.Dc4+ Kd1
11.Dd3+ Kc1 12.Dc3+ Kb1
13.Dc4 Dxa2 14.Df1+ Kc2
15.Dd3+ Kc1 16.Dd2+ Kb1
17.Dd1#**

□ **Der brillante Schachzug 098**
■ **Zugzwang**
Kubbel 1931

(Diagramm)

1.Dc3+!! Kb6 2.La7+ Kxa7

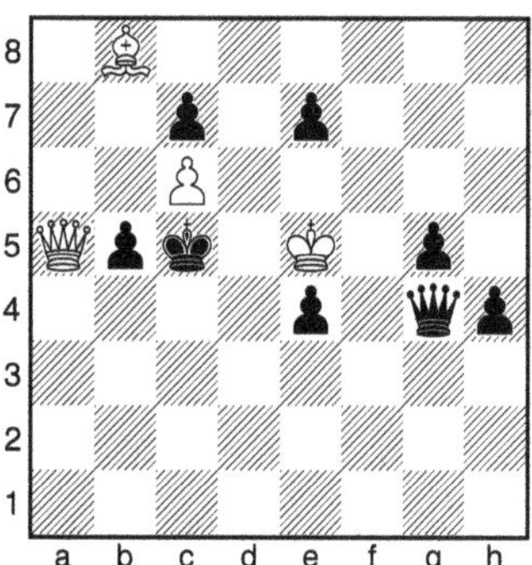

**3.Da5+ Kb8 4.Dxb5+ Kc8
5.Db7+ Kd8 6.Db8+ Dc8 7.Db3
e6 8.Db7 g4**
   [8...h3 9.Kf6+-]
9.Kf6+-

□ **Der brillante Schachzug 099**
■ **S&S vs B**
Pechenkin 1953

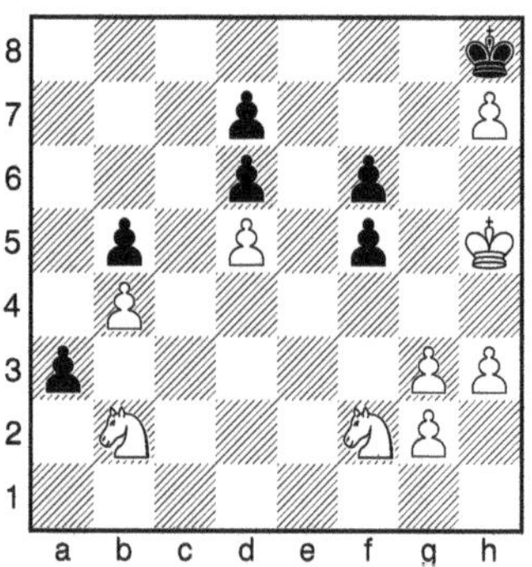

1.Sa4!!
   [1.Sbd3? a2=]
**1...a2 2.Kh6 a1D 3.Sd3 f4
4.Sxf4 Dc1 5.Sc5 f5 6.Sce6
De3 7.h4 Dd2 8.Sg5 Dxf4 9.g4**

Dd2
  [9...fxg4 10.Kg6+-]
10.Kg6 Dxd5 11.Sf7+ Dxf7+
12.Kxf7 fxg4
  [12...f4 13.Kg6+-]
13.Kg6+-

☐ **Der brillante Schachzug 100**
■ **Matt in 18**
Babic 1996

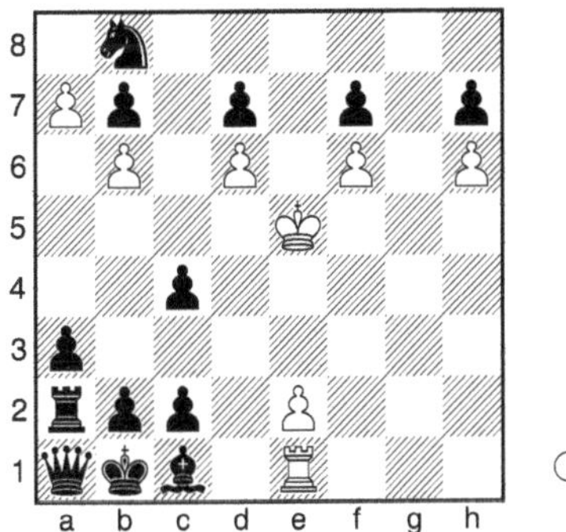

1.axb8S!!
  [1.axb8D? c3 2.Dxb7=
  (2.Kd4=)]
  [1.a8D? Sc6+ 2.Kd5 Sb4+=]
1...c3 2.Sa6 bxa6 3.b7 a5
4.b8S a4 5.Sc6 dxc6 6.d7 c5
7.d8S c4 8.Se6 fxe6 9.Kd6 e5
10.f7 e4 11.f8S e3 12.Sg6 hxg6
13.h7 g5 14.h8S g4 15.Sf7 g3
16.Sg5 g2 17.Se4 g1D
18.Sxc3#

Der Autor

Geboren 1956; Musikstudium am Konservatorium Luzern (Komposition, Klavier, Instrumental-Pädagogik, Dirigieren); jahrelange Tätigkeit als Musiklehrer und Dirigent, gleichzeitig regional- und kulturpolitischer Journalist sowie Musikkritiker bei verschiedenen Zentralschweizer Tages- und Wochenzeitungen; Gründer, Herausgeber und Redakteur der ehem. Schweizer Literaturzeitschrift «Scriptum»; seit 1990 Mitglied des Innerschweizer Schriftstellerverbandes, nebenberuflich tätig als Herausgeber belletristischer Buch- und verschiedener musikalischer Projekte; passionierter Nah-, Fern- und Computerschach-Freund, verschiedentlich Turniersieger seiner Schach-Vereine; Urheber zahlreicher Sudoku- und Kreuzworträtsel in Print- und Online-Medien; im Juni 2007 Gründung des Internet-KulturJournals «Glarean Magazin» für Literatur, Musik und Schach;
Walter Eigenmann ist verheiratet und lebt in Emmenbrücke/Luzern
Website: *www.der-arrangeur.ch*

Vom gleichen Autor erschienen:

Sudoku Extrem

99 Zahlen-Puzzles für Könner und Kenner

Der Siegeszug, den das Zahlen-Puzzle Sudoku in den vergangenen Jahrzehnten seit seiner Erfindung 1979 durch den Amerikaner Howard Garns antrat, ist in der Geschichte des Rätsels einzigartig. Die Faszination dieses Jonglierens mit den Zahlen Eins bis Neun führte innert kürzester Zeit zu weltweit hunderten von Millionen Anhängern, und das Logikrätsel ist inzwischen nonstop omnipräsent sowohl in den Print- wie in den Online-Medien.

Die meisten der heute in Zeitungen, Zeitschriften und einschlägigen Online-Plattformen publizierten Sudoku kommen allerdings eher in leichtem bis mittlerem Schwierigkeitsgrad daher. Der vorliegende Band versammelt demgegenüber 99 teils extrem schwierige, bis heute unveröffentlichte Sudoku-Knacknüsse, die auch erfahrenen Rätselfreunden einiges an Logik, Phantasie und Ausdauer abverlangen dürften. Autor und Verlag wünschen dabei viel Spass und Erfolg!

Walter Eigenmann: Sudoku Extrem - 99 Zahlen-Puzzles für Könner und Kenner, Paperback, 128 Seiten, BoD Verlag, ISBN 978-3-7357-7941-0   **Bei Ihrem Buchändler!**